Vipin Kumar Dangi

Comunicação sem fios em computação móvel

Conceitos-chave e aplicações

ScienciaScripts

Imprint

Cover image: www.ingimage.com

This book is a translation from the original published under ISBN 978-620-7-84389-3.

Publisher:
Sciencia Scripts
is a trademark of
Dodo Books Indian Ocean Ltd. and OmniScriptum S.R.L publishing group

120 High Road, East Finchley, London, N2 9ED, United Kingdom
Str. Armeneasca 28/1, office 1, Chisinau MD-2012, Republic of Moldova, Europe
Printed at: see last page
ISBN: 978-620-8-20954-4

Vipin Kumar Dangi

Comunicação sem fios em computação móvel

SOBRE O LIVRO

Resumo do conteúdo do livro: "Comunicação sem fios em computação móvel - conceitos e aplicações fundamentais". Este guia abrangente aborda os aspectos essenciais da comunicação sem fios e da computação móvel. Começa com uma introdução que descreve os principais componentes, vantagens e desafios da computação móvel, preparando o terreno para uma exploração mais profunda. O primeiro capítulo fornece informações sobre o conceito celular, discutindo os seus principais elementos e vantagens, seguido de uma análise detalhada da interface aérea GSM, incluindo os seus componentes e benefícios. O capítulo explora também a estrutura dos canais nas redes móveis, abrangendo os tipos de canais e as estratégias de atribuição, bem como os conceitos essenciais de gestão da localização, como o HLR e o VLR. O segundo capítulo muda o foco para Redes sem fios, abordando tópicos críticos como LAN sem fios, IEEE 802.11 e Bluetooth, juntamente com discussões sobre segurança, taxas de dados e consumo de energia. Examina também os protocolos de acesso múltiplo sem fios, as implicações do TCP sobre a rede sem fios e uma gama de aplicações sem fios e as suas tendências emergentes. Outras secções aprofundam o IP móvel, incluindo os seus componentes, funcionamento, vantagens e desafios, juntamente com informações sobre a arquitetura WAP e a sua pilha de protocolos. O livro conclui com uma análise aprofundada do Ambiente de Aplicações Sem Fios (WAE), discutindo os seus componentes, serviços, vantagens e evolução futura, bem como uma panorâmica abrangente das aplicações móveis, abrangendo tipos, componentes-chave e processos de desenvolvimento. Este livro constitui um recurso inestimável para estudantes, profissionais e entusiastas que procuram compreender o panorama em rápida evolução da comunicação sem fios na computação móvel.

-Vipin Kumar Dangi, IQAC

AGRADECIMENTOS

Gostaria de expressar a minha sincera gratidão a Deus, cujo amor e orientação inabaláveis foram a base desta viagem. Obrigado por iluminar o meu caminho e por me inspirar a partilhar estas reflexões. A tua fé em mim alimentou a minha paixão e determinação. Aos mentores e líderes espirituais que me guiaram ao longo do caminho, obrigado pela vossa sabedoria e perspicácia. Os vossos ensinamentos moldaram a minha compreensão e aprofundaram o meu apreço pela beleza da gratidão. Por último, a todos os leitores, obrigado por dedicarem algum tempo a explorar estes pensamentos. Que encontrem inspiração e encorajamento na vossa própria jornada de gratidão. Gostaria de agradecer ao meu amigo que me ajudou e encorajou durante todo o processo de conclusão deste livro. O seu apoio inabalável e a sua crença na minha visão foram inestimáveis. Estou verdadeiramente grata pela sua amizade e pelo papel que desempenhou na concretização deste projeto. Obrigada por seres uma fonte de inspiração tão maravilhosa!

Com toda a minha gratidão,

Vipin Kumar Dangi

CONTEÚDO DO QUADRO

CAPÍTULO 1

Introdução

A computação móvel refere-se à utilização de dispositivos informáticos portáteis, como smartphones, tablets e computadores portáteis, para aceder e transmitir dados, executar tarefas e comunicar em movimento. Tornou-se parte integrante da nossa vida quotidiana, revolucionando a forma como trabalhamos, comunicamos e acedemos à informação. Uma das principais vantagens da computação móvel é a sua capacidade de fornecer acesso à informação em qualquer altura e em qualquer lugar. Esta flexibilidade transformou vários sectores, permitindo que os funcionários trabalhem remotamente, que os estudantes acedam a recursos educativos e que os consumidores façam compras online a partir de praticamente qualquer local. Os dispositivos de computação móvel estão equipados com uma gama de opções de conetividade, incluindo Wi-Fi, redes celulares e Bluetooth, garantindo um acesso constante à Internet e uma comunicação sem falhas. As aplicações móveis (apps) desempenham um papel crucial no ecossistema da computação móvel. Estas aplicações são concebidas para executar tarefas específicas, desde ferramentas de produtividade, como processadores de texto e folhas de cálculo, a plataformas de redes sociais e aplicações de entretenimento. A disponibilidade de milhões de aplicações nas lojas de aplicações melhorou significativamente a funcionalidade e a versatilidade dos dispositivos móveis, satisfazendo as diversas necessidades e preferências dos utilizadores. O surgimento da computação em nuvem ampliou ainda mais o potencial da computação móvel. Tirando partido dos serviços de computação em nuvem, os utilizadores podem armazenar e aceder a dados, executar aplicações e efetuar cálculos complexos sem dependerem apenas do poder de processamento e da capacidade de armazenamento dos seus dispositivos móveis. Esta sinergia entre a computação móvel e a computação em nuvem permitiu o desenvolvimento de aplicações e serviços móveis poderosos, promovendo a inovação e a eficiência. A segurança é uma preocupação fundamental na computação móvel. A portabilidade e a conetividade dos dispositivos móveis tornam-nos vulneráveis a várias ameaças à segurança, incluindo malware, violações de dados e acesso não autorizado. Para responder a estes desafios, os sistemas operativos e as aplicações móveis incorporam medidas de segurança robustas, como a encriptação, a autenticação biométrica e as capacidades de limpeza remota. Os utilizadores também são encorajados a adotar as melhores práticas, como a instalação de actualizações de segurança, a utilização de palavras-passe fortes e evitar redes não fiáveis.

A computação móvel também impulsionou o crescimento do comércio móvel (m-commerce). Os consumidores podem agora efetuar transacções financeiras, fazer compras em linha e gerir as suas contas bancárias utilizando os seus dispositivos móveis. A conveniência e a acessibilidade do m-commerce conduziram a um aumento significativo dos pagamentos móveis e das compras em linha, remodelando o panorama do retalho e impulsionando o crescimento económico. A integração da computação móvel com tecnologias emergentes como a inteligência artificial (IA) e a Internet das Coisas (IoT) está a abrir novas possibilidades. As aplicações móveis alimentadas por IA podem oferecer experiências personalizadas, automatizar tarefas de rotina e fornecer informações inteligentes. Os dispositivos compatíveis com a IoT, como os smartwatches e os rastreadores de fitness, podem ligar-se perfeitamente a dispositivos móveis, permitindo aos utilizadores monitorizar a sua saúde, controlar dispositivos domésticos inteligentes e receber notificações em tempo real. A computação móvel está também a desempenhar um papel fundamental na redução do fosso digital. Ao fornecer tecnologia acessível e económica, os dispositivos móveis estão a permitir que as pessoas em áreas remotas e mal servidas tenham acesso a informação, educação, cuidados de saúde e serviços financeiros. Esta democratização da tecnologia está a promover a inclusão social e a capacitar indivíduos e comunidades. A evolução das redes móveis, de 3G para 4G e agora 5G, está a melhorar ainda mais as capacidades da computação móvel. As redes 5G oferecem velocidades de dados ultra-rápidas, baixa latência e maior capacidade, permitindo o desenvolvimento de aplicações e serviços inovadores que exigem conetividade em tempo real e elevada largura de banda. Isto inclui realidade aumentada (RA), realidade virtual (RV) e experiências de jogo avançadas, bem como iniciativas de cidades inteligentes e veículos autónomos

1.1.1 Principais componentes da computação móvel:

a. Dispositivos portáteis:

A computação móvel está centrada em dispositivos portáteis, que incluem smartphones, tablets, computadores portáteis e outros aparelhos de mão. Estes dispositivos são concebidos para serem leves, compactos e fáceis de transportar, permitindo aos utilizadores manterem-se ligados e produtivos onde quer que vão. Os smartphones, por exemplo, tornaram-se ferramentas indispensáveis para a comunicação, oferecendo funcionalidades como chamadas de voz, mensagens, correio eletrónico e acesso às redes sociais. Os tablets proporcionam uma experiência de ecrã maior para tarefas como ler, ver vídeos e navegar na Internet, tornando-os ideais para trabalho e entretenimento em movimento. Os computadores portáteis, com a sua robusta capacidade de processamento e teclados de tamanho normal, satisfazem as necessidades informáticas mais intensivas, desde o trabalho profissional a actividades criativas como o design gráfico e a edição de vídeo.

O advento da computação móvel revolucionou a forma como interagimos com a tecnologia, permitindo uma integração perfeita na nossa vida quotidiana. Com a proliferação da Internet móvel de alta velocidade e do Wi-Fi, estes dispositivos facilitam o acesso instantâneo a informações e serviços, tornando possível a realização de várias tarefas remotamente. As aplicações móveis melhoraram ainda mais a funcionalidade destes dispositivos, oferecendo ferramentas e serviços especializados adaptados às diversas necessidades dos utilizadores. Por exemplo, as aplicações de navegação ajudam os utilizadores a encontrar o seu caminho, enquanto as aplicações de fitness acompanham os indicadores de saúde e incentivam estilos de vida activos. Além disso, os avanços no hardware e software móveis continuam a alargar os limites do que estes dispositivos portáteis podem alcançar. Caraterísticas como câmaras de alta resolução, segurança biométrica e realidade aumentada estão a tornar-se padrão, enriquecendo a experiência do utilizador e expandindo as potenciais aplicações da computação móvel. À medida que a tecnologia continua a evoluir, espera-se que o papel da computação móvel nas esferas pessoal e profissional cresça, impulsionando a inovação e transformando a forma como vivemos e trabalhamos.

b. Comunicação sem fios:

A computação móvel depende fortemente das tecnologias de comunicação sem fios, como o Wi-Fi, as redes celulares (3G, 4G e atualmente 5G), o Bluetooth e o NFC (Near Field Communication). Estas tecnologias permitem que os dispositivos se liguem à Internet e comuniquem entre si sem necessidade de cabos físicos. O Wi-Fi está omnipresente em casas, escritórios e espaços públicos, fornecendo acesso à Internet de alta velocidade para navegação, streaming e descarregamento de conteúdos. As redes celulares permitem que os dispositivos móveis se mantenham ligados mesmo quando estão em movimento, com o 5G a oferecer velocidades sem precedentes e menor latência, abrindo caminho a novas aplicações como a realidade aumentada em tempo real e os veículos autónomos.

O Bluetooth é normalmente utilizado para comunicações de curto alcance, facilitando as ligações entre dispositivos como auscultadores sem fios, altifalantes e smartwatches. A tecnologia NFC suporta pagamentos sem contacto e troca de dados, permitindo aos utilizadores efetuar transacções ou partilhar informações com um simples toque nos seus dispositivos. A integração destas tecnologias sem fios em dispositivos de computação móvel também promoveu o crescimento da Internet das Coisas (IoT), em que os objectos do quotidiano estão ligados à Internet, comunicando e partilhando dados. Os dispositivos domésticos inteligentes, como termóstatos, luzes e câmaras de segurança, podem ser controlados remotamente através de aplicações móveis, oferecendo aos utilizadores um maior controlo e automatização dos seus ambientes de vida. Dispositivos vestíveis, como os rastreadores de fitness e os smartwatches, recolhem dados de saúde, fornecendo informações sobre a atividade física e o bem-estar dos utilizadores. Além disso, a computação móvel possibilitou o aumento dos serviços em nuvem, permitindo aos utilizadores armazenar e aceder aos seus dados a partir de qualquer lugar. Serviços como o Google Drive, Dropbox e iCloud proporcionam uma sincronização perfeita entre vários dispositivos, garantindo que os utilizadores têm sempre acesso aos seus ficheiros, fotografias e documentos. Esta mudança para o armazenamento e a computação baseados na nuvem também facilitou a colaboração, com ferramentas como o Google Workspace e o Microsoft Office 365 a permitirem que vários utilizadores trabalhem no mesmo documento em simultâneo, independentemente da sua localização física.

c. Aplicações móveis:

A computação móvel é alimentada por um vasto ecossistema de aplicações móveis (apps) que respondem a várias necessidades e preferências. Estas aplicações vão desde ferramentas de produtividade e plataformas de redes sociais a aplicações de entretenimento e jogos. As ferramentas de produtividade, como processadores de texto, folhas de cálculo e aplicações de gestão de projectos, permitem aos utilizadores trabalhar de forma eficiente a partir de qualquer lugar, quebrando as restrições dos ambientes de escritório tradicionais. Aplicações como o Microsoft Office, o Google Workspace e o Trello tornaram-se essenciais para o trabalho remoto, permitindo uma colaboração e uma gestão de tarefas sem falhas. As plataformas de redes sociais como o Facebook, o Instagram, o Twitter e o TikTok transformaram a forma como as pessoas comunicam e partilham conteúdos, criando uma rede global de utilizadores interligados. Estas aplicações facilitam a partilha instantânea de fotografias, vídeos e actualizações, mantendo as pessoas ligadas a amigos, familiares e comunidades. Também servem como ferramentas poderosas para as empresas interagirem com os clientes, comercializarem produtos e criarem uma presença de marca.

As aplicações de entretenimento, incluindo serviços de streaming como o Netflix, o Spotify e o YouTube, oferecem inúmeras opções para consumir multimédia em movimento. Quer se trate de ver filmes, ouvir música ou seguir os últimos vídeos virais, os dispositivos móveis tornaram-se o principal meio de entretenimento. As aplicações de jogos, desde simples puzzles a complexas experiências multijogador, oferecem entretenimento imersivo e interativo, apelando a uma vasta gama de públicos. As aplicações educativas também ganharam popularidade, oferecendo recursos para a aprendizagem de novas competências e conhecimentos. Plataformas como o Duolingo, a Khan Academy e o Coursera dão acesso à aprendizagem de línguas, a cursos académicos e ao desenvolvimento profissional, tornando a educação mais acessível a um público global. As aplicações de saúde e fitness, como o MyFitnessPal, o Fitbit e o Headspace, ajudam os utilizadores a monitorizar a sua atividade física, dieta e bem-estar mental, promovendo estilos de vida mais saudáveis. Além disso, as aplicações bancárias e financeiras móveis revolucionaram a forma como as pessoas gerem as suas finanças. Aplicações como PayPal, Venmo e várias aplicações bancárias permitem aos utilizadores realizar transacções, monitorizar saldos de contas e até investir, tudo a partir dos seus dispositivos móveis. Esta conveniência tornou a gestão financeira mais acessível e eficiente. A integração da inteligência artificial (IA) e da aprendizagem automática nas aplicações móveis melhorou ainda mais a sua funcionalidade. Os assistentes virtuais, como a Siri, o Assistente do Google e a Alexa, proporcionam aos utilizadores um controlo ativado por voz dos seus dispositivos, permitindo um funcionamento sem mãos e experiências personalizadas. As recomendações baseadas em IA nas aplicações melhoram o envolvimento dos utilizadores, sugerindo conteúdos, produtos e serviços relevantes com base nas preferências individuais.

d. Sistemas operativos:

Os dispositivos móveis funcionam com sistemas operativos especializados concebidos para as limitações do hardware portátil. Os exemplos incluem o iOS para dispositivos Apple, o Android para uma variedade de smartphones e tablets e outros sistemas proprietários. O iOS, desenvolvido pela Apple Inc., é conhecido pelo seu bom desempenho, funcionalidades de segurança robustas e um ecossistema rigorosamente controlado que garante uma elevada compatibilidade e qualidade das aplicações disponíveis na App Store. Este sistema operativo é exclusivo do hardware da Apple, como os iPhones e os iPads, proporcionando uma experiência de utilizador perfeita e integrada em toda a sua gama de produtos. O Android, por outro lado, é um sistema operativo de código aberto desenvolvido pela Google e utilizado por um grande número de fabricantes, incluindo a Samsung, a Huawei e a OnePlus. Esta diversidade promove uma vasta gama de opções de dispositivos a diferentes níveis de preços, tornando o Android acessível a um público mais vasto. A flexibilidade do Android permite uma personalização extensiva, permitindo que os utilizadores personalizem principalmente os seus dispositivos. A Google Play Store oferece uma vasta seleção de aplicações, que satisfazem quase todas as necessidades possíveis.

Outros sistemas operativos proprietários, como o Tizen da Samsung e o Harmony OS da Huawei, visam proporcionar experiências únicas adaptadas a dispositivos específicos. Estes sistemas integram-se muitas vezes profundamente com o hardware e os serviços do fabricante, criando um ecossistema coeso para os utilizadores. Por exemplo, o Tizen da Samsung é utilizado nos seus smartwatches, televisores e alguns smartphones, oferecendo uma interface de utilizador unificada e uma experiência em diferentes categorias de dispositivos. Estes sistemas operativos móveis são optimizados para as limitações do hardware portátil, incluindo ecrãs mais pequenos, duração limitada da bateria e níveis variáveis de capacidade de processamento. Empregam técnicas eficientes de gestão de energia para prolongar a duração da bateria e utilizam estratégias de desempenho adaptáveis para garantir um funcionamento sem problemas, mesmo em dispositivos de gama baixa. Além disso, estes sistemas operativos são concebidos para fornecer interfaces intuitivas baseadas no toque, facilitando a navegação e a interação dos utilizadores com os seus dispositivos através de gestos e toques. A segurança é uma componente essencial dos sistemas operativos móveis. Tanto o iOS como o Android implementaram medidas de segurança avançadas para proteger os dados e a privacidade dos utilizadores. Funcionalidades como a autenticação biométrica (impressão digital e reconhecimento facial), o armazenamento encriptado e o sandboxing de aplicações ajudam a proteger contra o acesso não autorizado e o malware. São lançadas regularmente actualizações e patches para resolver vulnerabilidades e melhorar a segurança geral dos sistemas operativos. Além disso, estes sistemas operativos suportam uma vasta gama de opções de conetividade, incluindo Wi-Fi, Bluetooth, NFC e redes celulares, permitindo que os dispositivos móveis comuniquem e interajam com outros dispositivos e serviços sem problemas. Oferecem também um suporte robusto para capacidades multimédia, permitindo aos utilizadores captar fotografias e vídeos de alta qualidade, reproduzir música e transmitir conteúdos sem esforço. O desenvolvimento contínuo dos sistemas operativos móveis centra-se na melhoria da experiência do utilizador, no reforço da segurança e na integração de novas tecnologias, como a realidade aumentada (RA), a realidade virtual (RV) e a inteligência artificial (IA). Por exemplo, as funcionalidades de RA no iOS e no Android permitem aos utilizadores sobrepor conteúdos digitais ao mundo real, criando experiências imersivas em jogos, educação e compras.

e. Computação em nuvem:

A integração da computação móvel com os serviços em nuvem expandiu as capacidades dos dispositivos móveis. Os utilizadores podem armazenar dados, aceder a aplicações e executar tarefas computacionais em servidores remotos, reduzindo a dependência dos recursos do dispositivo local. Esta mudança para a computação em nuvem permitiu que os dispositivos móveis tratassem de tarefas mais complexas e armazenassem grandes quantidades de dados sem estarem limitados pelas suas restrições de hardware. Por exemplo, serviços como o Google Drive, Dropbox e iCloud permitem aos utilizadores armazenar e sincronizar ficheiros em vários dispositivos sem problemas, garantindo que os seus documentos, fotografias e vídeos importantes estão sempre acessíveis e com cópias de segurança.

As aplicações baseadas na nuvem, como o Microsoft Office 365 e o Google Workspace, fornecem ferramentas de produtividade poderosas que podem ser acedidas a partir de qualquer lugar, permitindo a colaboração em tempo real e a edição de documentos. Isto tem sido particularmente benéfico para o trabalho remoto e a educação, uma vez que permite que as equipas e os estudantes trabalhem em conjunto de forma eficaz, independentemente da sua localização física. A capacidade de executar estas aplicações na nuvem significa que mesmo os dispositivos com capacidade de processamento limitada podem executar tarefas exigentes, transferindo o trabalho pesado para servidores remotos. Além disso, a computação em nuvem revolucionou a forma como as aplicações móveis fornecem serviços. Por exemplo, serviços de streaming como o Netflix, Spotify e YouTube dependem da infraestrutura da nuvem para fornecer conteúdos de vídeo e áudio de alta qualidade a milhões de utilizadores em simultâneo. Este modelo não só melhora a experiência do utilizador ao proporcionar uma transmissão suave e ininterrupta, como também permite que os utilizadores acedam a uma vasta biblioteca de conteúdos sem necessitarem de grandes capacidades de armazenamento nos seus dispositivos. Os jogos também foram transformados pela nuvem, com plataformas como o Google Stadia, o NVIDIA GeForce NOW e o Xbox Cloud Gaming da Microsoft a oferecerem experiências de jogo baseadas na nuvem. Estes serviços permitem aos utilizadores jogar jogos topo de gama nos seus dispositivos móveis, transmitindo a jogabilidade a partir de poderosos servidores remotos. Esta abordagem elimina a necessidade de actualizações de hardware dispendiosas e garante que os utilizadores podem desfrutar dos jogos mais recentes com um desempenho ótimo.

Para além do armazenamento e do acesso a aplicações, os serviços em nuvem fornecem capacidades robustas de análise de dados e de aprendizagem automática. As aplicações móveis podem tirar partido destes serviços para oferecer experiências personalizadas, tais como recomendações personalizadas em aplicações de compras, texto preditivo em aplicações de mensagens e funcionalidades avançadas de edição de fotografias em aplicações de câmaras. Ao processar e analisar dados na nuvem, estas aplicações podem oferecer funcionalidades sofisticadas que seriam difíceis de obter apenas em dispositivos locais. A integração da computação móvel com os serviços em nuvem também melhora a segurança e a proteção dos dados. Os fornecedores de serviços em nuvem implementam medidas de segurança avançadas, incluindo encriptação, autenticação e actualizações de segurança regulares, para proteger os dados dos utilizadores. Isto garante que as informações sensíveis armazenadas e processadas na nuvem estão protegidas contra o acesso não autorizado e as ciberameaças. Além disso, a computação em nuvem suporta a Internet das Coisas (IoT), em que os dispositivos móveis funcionam como hubs centrais para gerir e controlar uma rede de dispositivos ligados. Os sistemas domésticos inteligentes, os wearables e as aplicações industriais da IoT dependem dos serviços da nuvem para processar dados de vários sensores e dispositivos, permitindo a automatização, a monitorização remota e a tomada de decisões inteligentes. O futuro da computação móvel com integração na nuvem promete ainda mais inovação. Tecnologias emergentes como a computação de ponta, que aproxima o processamento da fonte de dados, reduzirão ainda mais a latência e melhorarão o desempenho das aplicações móveis. Além disso, os avanços na inteligência artificial e na aprendizagem automática permitirão experiências móveis mais inteligentes e conscientes do contexto, impulsionadas pelo vasto poder computacional da nuvem.

1.1.2 Vantagens da computação móvel:

Portabilidade: Os utilizadores podem levar consigo os seus dispositivos informáticos, permitindo o acesso a informações e serviços independentemente da sua localização.

Conectividade omnipresente: As tecnologias sem fios proporcionam uma conetividade constante, permitindo aos utilizadores manterem-se ligados à Internet e comunicarem com outras pessoas em qualquer lugar.

Produtividade melhorada: As aplicações móveis e os serviços na nuvem facilitam a produtividade, permitindo aos utilizadores trabalhar, colaborar e aceder a informações a partir de qualquer lugar.

Entretenimento em movimento: Os dispositivos móveis oferecem uma vasta gama de opções de entretenimento, incluindo a transmissão de vídeos, música e jogos, tornando o tempo de inatividade mais agradável.

Acesso à informação em tempo real: A computação móvel permite que os utilizadores acedam a informações em tempo real, como actualizações de notícias, previsões meteorológicas e redes sociais, melhorando a comunicação e a tomada de decisões.

1.1.3 Desafios da computação móvel:

Duração limitada da bateria: Os dispositivos portáteis têm frequentemente uma duração de bateria limitada, o que obriga os utilizadores a gerir a sua utilização ou a transportar acessórios de carregamento.

Preocupações com a segurança: À medida que os dispositivos móveis se tornam mais integrados na vida quotidiana, surgem preocupações com a segurança e a privacidade, incluindo questões relacionadas com violações de dados e acesso não autorizado.

Tamanho reduzido do ecrã: O tamanho reduzido do ecrã dos dispositivos móveis pode ser uma limitação para determinadas tarefas, como a criação de conteúdos e a análise de dados complexos.

Problemas de rede: Os problemas de conetividade, como a fraca intensidade do sinal ou o congestionamento da rede, podem afetar o desempenho das aplicações móveis.

Apesar destes desafios, a computação móvel continua a evoluir, com avanços contínuos em termos de hardware, software e conetividade, moldando a forma como as pessoas interagem com a tecnologia no mundo moderno.

1.2 Questões relacionadas com a computação móvel

1. **Preocupações com a segurança:**

   Violações de dados: Com a crescente dependência de dispositivos móveis para armazenar informações sensíveis, o risco de violações de dados aumentou. Os ataques maliciosos, a pirataria informática e o acesso não autorizado representam ameaças significativas à segurança dos dados pessoais e empresariais.

   Roubo e perda de dispositivos: A portabilidade dos dispositivos móveis torna-os susceptíveis de serem roubados ou perdidos. Se estes dispositivos não estiverem adequadamente protegidos, podem conduzir a um acesso não autorizado a dados pessoais e confidenciais.

2. **Desafios da privacidade:**

   Rastreio de localização: Os dispositivos móveis localizam frequentemente a localização dos utilizadores para vários fins, incluindo navegação e serviços baseados na localização. No entanto, isto levanta preocupações sobre a invasão de privacidade e os utilizadores podem sentir-se desconfortáveis com a ideia de os seus movimentos serem constantemente monitorizados.

Permissões de aplicações: As aplicações móveis solicitam frequentemente o acesso a várias funcionalidades do dispositivo e a informações pessoais. Os utilizadores podem conceder inadvertidamente permissões excessivas, conduzindo a uma potencial utilização indevida de dados sensíveis.

3. **Problemas de rede:**

   Limitações de largura de banda: As redes móveis, especialmente em áreas com muita gente, podem sofrer limitações de largura de banda, o que leva a velocidades de transferência de dados lentas e a um desempenho degradado das aplicações que exigem uma elevada largura de banda de dados.

   Segurança da rede: As redes Wi-Fi públicas podem ser inseguras, tornando os utilizadores vulneráveis a ataques como os ataques man-in-the-middle. Os utilizadores devem ter cuidado ao ligarem-se a redes não seguras.

4. **Fragmentação de dispositivos:**

   Diversidade de sistemas operativos: A diversidade de sistemas operativos móveis, como o Android e o iOS, leva à fragmentação dos dispositivos. Os programadores de aplicações têm de lidar com variações nos tamanhos dos ecrãs, nas capacidades de hardware e nas versões de software, o que torna difícil criar experiências de utilizador consistentes e optimizadas em todos os dispositivos.

5. **Recursos limitados:**

   Duração da bateria: Apesar dos avanços tecnológicos, a duração da bateria continua a ser uma preocupação significativa para os utilizadores de telemóveis. A procura de processadores mais potentes e de aplicações ricas em funcionalidades conduz frequentemente a um maior consumo de energia, exigindo que os utilizadores façam uma gestão cuidadosa da utilização dos seus dispositivos.

   Capacidade de processamento e armazenamento: Os dispositivos móveis têm limitações em termos de capacidade de processamento e armazenamento em comparação com os computadores de secretária. Este facto pode afetar o desempenho das aplicações que consomem muitos recursos e limitar a quantidade de dados que podem ser armazenados localmente.

6. **Compatibilidade entre plataformas:**

   Compatibilidade de aplicações: Garantir que as aplicações móveis funcionam sem problemas em vários dispositivos, sistemas operativos e tamanhos de ecrã pode ser um desafio. Os programadores de aplicações enfrentam frequentemente o dilema de equilibrar funcionalidade e compatibilidade.

7. **Conformidade regulamentar:**

   Regulamentos de proteção de dados: O cenário em evolução dos regulamentos de proteção de dados, como o GDPR e a CCPA, coloca desafios aos programadores de aplicações móveis e às organizações para garantir a conformidade com as leis de privacidade e salvaguardar os dados dos utilizadores.

8. **Usabilidade e acessibilidade:**

   Conceção da interface do utilizador: A conceção de interfaces intuitivas e fáceis de utilizar para aplicações móveis pode ser complexa. Encontrar um equilíbrio entre uma funcionalidade rica em caraterísticas e um design limpo e acessível é um desafio constante.

   Desafios de acessibilidade: Garantir que as aplicações móveis são acessíveis a utilizadores com deficiência, incluindo os que têm deficiências visuais ou auditivas, exige uma análise cuidadosa e o cumprimento das normas de acessibilidade.

À medida que a computação móvel continua a progredir, a resolução destas questões é crucial para criar uma experiência móvel segura, fácil de utilizar e eficiente. As inovações tecnológicas em curso e os desenvolvimentos regulamentares desempenham um papel significativo na definição do futuro da computação móvel.

1.3 Panorâmica geral da telefonia sem fios: Conceito de telemóvel

A telefonia sem fios, em particular o conceito celular, revolucionou a comunicação, proporcionando às pessoas a capacidade de se ligarem sem problemas, sem os constrangimentos dos fios físicos. O conceito celular é a arquitetura fundamental subjacente aos modernos sistemas de comunicação móvel, permitindo uma comunicação sem fios generalizada e eficiente. Esta arquitetura divide as áreas geográficas em regiões mais pequenas denominadas células, cada uma servida por uma estação de base. Estas células criam coletivamente uma rede que permite que os dispositivos móveis comuniquem entre si e com a infraestrutura de telecomunicações mais vasta.

A inovação do conceito celular permite a reutilização de frequências em diferentes células, aumentando significativamente a capacidade da rede. Quando um dispositivo móvel se desloca de uma célula para outra, um processo designado por handoff ou handover garante que a ligação é mantida sem interrupções. Esta tecnologia tem sido fundamental para apoiar a proliferação de telemóveis, tornando possível a comunicação simultânea de milhões de utilizadores. A evolução dos sistemas analógicos de primeira geração (1G) para os actuais sistemas digitais de quinta geração (5G) trouxe imensas melhorias em termos de velocidade, capacidade e fiabilidade. A 1G introduziu a comunicação de voz básica, mas foi a passagem da 2G para a transmissão digital que trouxe as mensagens de texto e uma melhor qualidade de voz. A 3G expandiu as capacidades com débitos de dados mais elevados, permitindo o acesso móvel à Internet. O 4G LTE melhorou ainda mais as velocidades de dados, suportando a transmissão de vídeo de alta definição e aplicações de Internet mais robustas. Agora, o 5G está preparado para transformar a comunicação móvel com velocidades ultra-rápidas, latência mínima e suporte para um vasto número de dispositivos ligados, abrindo caminho a inovações como veículos autónomos e aplicações IoT avançadas.

Os avanços na tecnologia celular não só melhoraram a comunicação pessoal, como também impulsionaram um crescimento económico significativo e a inovação em vários sectores. No sector da saúde, por exemplo, as comunicações móveis permitem a telemedicina, a monitorização remota dos doentes e a gestão eficiente dos recursos de saúde. Na educação, suporta plataformas de aprendizagem em linha, tornando a educação mais acessível, especialmente em zonas remotas. Nas empresas, facilita o comércio móvel, a colaboração em tempo real e o acesso aos mercados globais. Além disso, o impacto da telefonia sem fios estende-se à resposta a emergências e à segurança pública. As redes celulares fornecem canais de comunicação críticos durante desastres naturais e emergências, permitindo que os socorristas coordenem os esforços de resgate e forneçam assistência em tempo hábil. Recursos como rastreamento de localização e alertas de emergência ajudam a melhorar a eficácia das estratégias de resposta.

A integração da comunicação celular com outras tecnologias sem fios, como Wi-Fi, Bluetooth e NFC, expandiu ainda mais a sua utilidade. Por exemplo, os smartphones utilizam uma combinação de redes celulares e Wi-Fi para fornecer conetividade à Internet sem descontinuidades, optimizando o desempenho e a cobertura. O Bluetooth facilita a comunicação de curto alcance para dispositivos como auscultadores sem fios e smartwatches, enquanto o NFC permite pagamentos sem contacto e troca de dados.

Olhando para o futuro, a evolução contínua da tecnologia celular promete desbloquear novas possibilidades. A investigação sobre a tecnologia 6G prevê taxas de dados ainda mais elevadas, uma utilização mais eficiente do espetro e capacidades avançadas, como a inteligência artificial integrada, a comunicação holográfica e a conetividade omnipresente. Estes avanços irão apoiar futuras inovações em domínios como as cidades inteligentes, o entretenimento imersivo e os sistemas de transporte da próxima geração.

1.3.1 Elementos-chave do conceito celular:

Arquitetura celular: A rede celular está dividida em pequenas áreas geográficas denominadas células. Cada célula é servida por uma estação de base, que consiste numa torre e em transceptores associados. As células estão dispostas em forma de grelha para cobrir eficazmente uma determinada área geográfica.

Ao dividir a área de cobertura em células, o conceito celular permite a reutilização de radiofrequências. Esta reutilização maximiza a utilização do espetro de frequências disponível e aumenta a capacidade global do sistema.

Reutilização de frequências: A reutilização de frequências é um princípio fundamental nos sistemas celulares. Numa rede celular, o mesmo conjunto de frequências é reutilizado em células diferentes. Isto permite a utilização eficiente de bandas de frequência limitadas, minimizando a interferência entre células adjacentes. O padrão de reutilização de frequências é cuidadosamente concebido para garantir que as células vizinhas utilizam frequências diferentes para evitar interferências no sinal.

1. ***Mecanismo de Handoff:*** Quando um dispositivo móvel se desloca de uma célula para outra durante uma chamada, um processo de handoff ou de transferência sem descontinuidades garante que a chamada permanece ligada. Isto é essencial para manter uma comunicação contínua e sem interrupções.

    - Os handoffs podem ser classificados em diferentes tipos, incluindo o soft handoff (em que um dispositivo móvel comunica com várias células em simultâneo) e o hard handoff (em que a ligação muda de uma célula para outra).

2. ***Infraestrutura de sítios celulares:***

    - Cada célula é servida por uma estação de base ou cell site, que inclui antenas, transceptores e equipamento de comunicação. As estações de base estão estrategicamente localizadas para proporcionar uma cobertura uniforme em toda a rede.
    - A unidade de controlo central da rede, conhecida como Centro de Comutação Móvel (MSC), gere o encaminhamento das chamadas, as transferências e outras funções essenciais.

3. ***Centro de comutação móvel (MSC):***

    - O MSC é o componente central da rede celular, responsável pela comutação de chamadas, pelo encaminhamento de chamadas e pela gestão da mobilidade dos utilizadores dentro da rede.
    - Permite a ligação de chamadas entre utilizadores móveis da mesma rede ou entre utilizadores móveis e utilizadores da rede telefónica fixa tradicional.

4. ***Gerações de redes celulares:***

    - A evolução das redes celulares tem registado várias gerações, desde a 1G até à atual 5G e mais além. Cada geração introduz melhorias nas velocidades de dados, na capacidade da rede e nos avanços tecnológicos.
    - A transição das tecnologias analógicas para as digitais (2G), a introdução dos dados móveis (3G e 4G) e a implantação em curso de redes de alta velocidade e baixa latência (5G) são marcos significativos na evolução da telefonia sem fios.

1.3.2 Vantagens do conceito celular:

Aumento da capacidade: O conceito celular permite a utilização eficiente das bandas de frequência disponíveis, possibilitando um maior número de ligações e utilizadores simultâneos numa determinada área geográfica.

Cobertura e fiabilidade melhoradas: Ao dividir a área de cobertura em células, as redes celulares proporcionam uma cobertura mais fiável. Os utilizadores podem deslocar-se sem problemas entre células sem sofrerem quedas de chamadas ou perda de qualidade de sinal.

Melhoria da qualidade das chamadas: Os mecanismos de reutilização de frequências e de handoff contribuem para uma melhor qualidade das chamadas, garantindo aos utilizadores uma comunicação clara e consistente, mesmo quando se deslocam entre células.

Apoio à mobilidade: O conceito celular suporta inerentemente a mobilidade, permitindo que os utilizadores façam e recebam chamadas enquanto se deslocam. Os mecanismos de transferência (handoff) garantem que as chamadas permanecem ligadas quando os utilizadores transitam entre células.

Utilização eficiente do espetro: Ao reutilizar frequências em diferentes células, o conceito celular optimiza a utilização do espetro limitado disponível, maximizando a capacidade global da rede sem fios.

O conceito celular é um princípio fundamental na conceção e funcionamento dos sistemas de telefonia sem fios, proporcionando o enquadramento para a implantação generalizada e o êxito das redes de comunicações móveis em todo o mundo. A evolução contínua das tecnologias celulares continua a moldar a forma como as pessoas comunicam, introduzindo novas capacidades e melhorando a experiência geral do utilizador.

1.4 Interface aérea GSM: Ligação de dispositivos móveis

O Sistema Global de Comunicações Móveis (GSM) é uma norma desenvolvida para facilitar as comunicações móveis a nível mundial. Um dos elementos-chave do GSM é a sua interface aérea, que define o protocolo de comunicação entre os dispositivos móveis e a rede celular. A interface aérea GSM desempenha um papel fundamental na transmissão de voz e dados, bem como no suporte de vários serviços móveis. A interface aérea é essencialmente a ligação rádio entre o dispositivo móvel e as estações de base da rede. É através desta interface que se efectua toda a comunicação, quer se trate de chamadas de voz, mensagens de texto ou dados da Internet. A norma GSM especifica a forma como esta comunicação deve ser gerida, garantindo a compatibilidade e a interoperabilidade entre dispositivos e redes de diferentes fabricantes e operadores. Uma das caraterísticas essenciais da interface aérea GSM é a utilização do acesso múltiplo por divisão do tempo (TDMA). O TDMA permite que vários utilizadores partilhem o mesmo canal de frequência, dividindo o sinal em diferentes intervalos de tempo. Além disso, o GSM utiliza o salto de frequência, o que aumenta a segurança e reduz a probabilidade de interferência de outros sinais. O salto de frequência implica a alteração da frequência da transmissão em intervalos regulares, dificultando a interceção da comunicação por potenciais espiões. O GSM também suporta uma variedade de esquemas de codificação para comprimir e proteger os dados que estão a ser transmitidos. Estes esquemas garantem que a informação pode ser enviada de forma rápida e precisa, mesmo em zonas com fraca intensidade de sinal. São utilizadas técnicas de correção de erros para detetar e corrigir quaisquer erros que possam ocorrer durante a transmissão.

O papel da interface aérea estende-se ao processo de transferência, que é crucial para manter as chamadas em curso ou as sessões de dados quando um utilizador se desloca de uma área celular para outra. A rede GSM gere dinamicamente as transferências para garantir uma transição perfeita, minimizando a queda de chamadas e as interrupções. Estes serviços melhoram a experiência do utilizador, fornecendo funcionalidades adicionais para além da comunicação vocal básica.

1.4.1 Principais componentes da interface aérea GSM:

Bandas de frequência: O GSM funciona em várias bandas de frequência em todo o mundo. As bandas de frequência mais utilizadas são as bandas de 900 MHz e 1800 MHz. A banda de 1900 MHz também é utilizada em algumas regiões, nomeadamente na América do Norte.

Acesso múltiplo por divisão do tempo (TDMA): O GSM utiliza uma técnica TDMA para dividir uma banda de frequência em intervalos de tempo. Cada canal de frequência é dividido em oito intervalos de tempo, permitindo que oito conversas diferentes ocorram simultaneamente na mesma frequência.

Acesso múltiplo por divisão de frequência (FDMA): O FDMA é outro princípio fundamental do GSM. Envolve a divisão da banda de frequência em vários canais, sendo cada canal atribuído a um utilizador específico. O FDMA é combinado com o TDMA para otimizar a utilização da frequência e do tempo.

Transmissão em rajada: O GSM utiliza a transmissão por rajadas, em que os dados são enviados em rajadas curtas durante intervalos de tempo específicos. Cada rajada é composta por uma série de bits, incluindo uma sequência de treino para sincronização, dados do utilizador e bits de verificação de erros.

Técnicas de modulação: O GSM utiliza o Gaussian Minimum Shift Keying (GMSK) como esquema de modulação. O GMSK é um tipo de modulação digital que ajuda a minimizar a largura de banda, mantendo a integridade do sinal, o que o torna adequado para uma utilização eficiente do espetro de frequências.

Canais lógicos: A interface aérea GSM define vários canais lógicos para transportar diferentes tipos de informação. Estes canais incluem os canais de tráfego (TCH) para voz e dados, os canais de controlo para sinalização e informação de controlo e os canais de difusão para informação do sistema.

Encriptação e segurança: O GSM incorpora caraterísticas de segurança para proteger a privacidade das comunicações. Os algoritmos de cifragem são utilizados para proteger as transmissões de voz e de dados através da interface aérea, impedindo o acesso não autorizado e as escutas.

Mecanismo de Handover: O Handover é um aspeto crucial da interface aérea GSM, garantindo que um dispositivo móvel possa transitar sem problemas de uma célula para outra durante uma chamada em curso. O processo de transferência envolve a transferência da chamada e das informações de controlo associadas de uma estação de base para outra.

Estação móvel (EM) e estação de base transceptora (BTS): A Estação Móvel (EM) representa o dispositivo móvel, incluindo o telemóvel e o cartão SIM. A Estação Transceptora de Base (BTS) é o equipamento que facilita a comunicação entre o dispositivo móvel e a rede. A BTS gere a interface rádio e controla a comunicação dentro da sua área de cobertura.

1.4.2 Vantagens da interface aérea GSM:

Interoperabilidade global: A interface aérea normalizada do GSM permite a interoperabilidade global, permitindo aos utilizadores ligarem-se sem problemas a diferentes redes GSM em todo o mundo.

Utilização eficiente do espetro: Ao utilizar as técnicas TDMA e FDMA, o GSM optimiza a utilização do espetro de frequências, permitindo que vários utilizadores partilhem simultaneamente a mesma banda de frequências.

Qualidade de voz fiável: A utilização de técnicas avançadas de modulação e de mecanismos de verificação de erros contribui para uma qualidade de voz fiável nas redes GSM.

Comunicação segura: As funcionalidades de encriptação e segurança na interface aérea ajudam a proteger as comunicações do utilizador contra o acesso não autorizado, assegurando a privacidade e a integridade dos dados.

Suporte para serviços de dados: A interface aérea do GSM suporta não só a comunicação vocal, mas também vários serviços de dados, incluindo o Short Message Service (SMS) e o General Packet Radio Service (GPRS).

A interface aérea GSM tem desempenhado um papel crucial na adoção e no sucesso global das comunicações móveis. À medida que a tecnologia continua a evoluir, as sucessivas gerações de redes móveis, incluindo 3G, 4G e 5G, baseiam-se nos princípios estabelecidos pelo GSM, melhorando a velocidade, a capacidade e a funcionalidade, mantendo simultaneamente a retrocompatibilidade com as normas anteriores.

1.5 Estrutura dos canais nas redes de comunicações móveis

Nas redes de comunicações móveis, o conceito de estrutura de canais refere-se à organização e atribuição de canais de comunicação que facilitam a transmissão de informações entre os dispositivos móveis e a rede celular. A gestão eficiente dos canais é crucial para garantir uma comunicação fiável e eficaz dentro da rede. A estrutura de canais engloba vários tipos de canais, cada um servindo um objetivo específico no processo de comunicação.

Existem vários tipos de canais numa rede celular, incluindo canais de controlo e canais de tráfego. Os canais de controlo são responsáveis pela gestão do funcionamento da rede e por garantir que os dispositivos móveis podem aceder à rede, iniciar a comunicação e manter as ligações. Estes canais incluem o Canal de Controlo de Difusão (BCCH), que transmite informações sobre a rede e os seus serviços disponíveis aos dispositivos móveis, e o Canal de Paging (PCH), que é utilizado para alertar os dispositivos sobre chamadas ou mensagens recebidas. Outro canal de controlo vital é o RACH (Random-Access Channel - canal de acesso aleatório), que permite que os dispositivos móveis solicitem acesso à rede. Uma vez concedido o acesso, o Standalone Dedicated Control Channel (SDCCH) trata da configuração inicial das chamadas e das sessões de dados, assegurando que a comunicação é corretamente estabelecida. O funcionamento eficiente destes canais de controlo é essencial para gerir o tráfego da rede e evitar o congestionamento. Os canais de tráfego, por outro lado, são dedicados à transmissão efectiva de voz, dados e conteúdos multimédia entre utilizadores. Nas redes 2G, o canal de tráfego (TCH) é utilizado para transportar chamadas de voz e serviços de dados. Com a evolução das redes, as novas gerações introduziram canais de tráfego mais avançados. Por exemplo, nas redes 3G, canais como o Canal Físico Dedicado (DPCH) e o Canal Partilhado de Ligação Descendente de Alta Velocidade (HS-DSCH) proporcionam capacidades de transmissão de dados a alta velocidade. A introdução da 4G LTE trouxe mais melhorias com canais como o Physical Downlink Shared Channel (PDSCH) e o Physical Uplink Shared Channel (PUSCH), que permitem a transferência de dados a alta velocidade e uma maior eficiência espetral. Estes avanços permitiram que as redes móveis suportassem um número crescente de utilizadores e aplicações cada vez mais intensivas em dados, desde o streaming de vídeo aos jogos em linha.

Para além destes canais primários, as redes móveis utilizam vários canais secundários para melhorar a eficiência e a fiabilidade das comunicações. Por exemplo, o Fast Associated Control Channel (FACCH) nas redes 2G empresta temporariamente recursos dos canais de tráfego para transmitir informações de controlo urgentes, garantindo que as tarefas críticas de gestão da rede possam ser executadas sem interromper as comunicações em curso. A estrutura dos canais envolve também a atribuição de frequências e a gestão do espetro. As redes móveis funcionam em bandas de frequência específicas, que são divididas em canais individuais. Um planeamento e uma gestão eficientes das frequências são cruciais para minimizar as interferências e otimizar o desempenho da rede. Técnicas como a reutilização de frequências, em que as mesmas frequências são utilizadas em diferentes células separadas por uma distância suficiente, ajudam a maximizar a utilização do espetro disponível.

A evolução da estrutura do canal tem sido impulsionada pela necessidade de suportar taxas de dados crescentes, densidades de utilizadores mais elevadas e aplicações mais diversificadas. Nas redes 5G, as estruturas de canal avançadas, como o Physical Downlink Control Channel

(PDCCH) e o Physical Uplink Control Channel (PUCCH), permitem uma comunicação ultra-fiável de baixa latência (URLLC) e uma comunicação massiva do tipo máquina (MMTC), suportando aplicações como veículos autónomos, cidades inteligentes e IoT industrial. Os futuros avanços na estrutura dos canais continuarão a dar resposta à crescente procura de dados móveis e de conetividade. A investigação sobre a tecnologia 6G prevê estruturas de canal ainda mais sofisticadas que podem suportar taxas de dados de terabit por segundo, latência ultra-baixa e integração perfeita com redes terrestres e de satélite. Estes avanços permitirão novas aplicações e serviços, desde a comunicação holográfica até à cirurgia remota em tempo real.

1.5.1 Tipos de canais:

1. **Canais de tráfego (TCH):** Os canais de tráfego são dedicados ao transporte de informações do utilizador, tais como voz ou dados. Na interface aérea GSM, as faixas horárias de um canal de frequência são atribuídas aos canais de tráfego. Podem ser utilizados diferentes sistemas de modulação e de codificação para otimizar a transmissão de voz ou de dados.

2. Canais de controlo: Os canais de controlo são responsáveis pela gestão e controlo do processo de comunicação na rede. Eles incluem:

- **Canais de difusão (BCCH):** Utilizados para difundir informações do sistema para os dispositivos móveis, ajudando-os a identificar e a sincronizar-se com a rede.
- **Canais de controlo comuns (CCCH):** Incluem canais para pedidos de acesso aleatório, paginação e notificações de concessão de acesso.
- **Canais de controlo dedicados (DCCH):** Facilitam a sinalização e as informações de controlo específicas dos dispositivos móveis individuais.

3. Canais de sincronização: Os canais de sincronização são cruciais para manter a sincronização entre o dispositivo móvel e a rede. O processo de sincronização garante que o dispositivo móvel está alinhado com a temporização e a frequência da rede. Os exemplos incluem o Canal de Correção de Frequência (FCCH) e o Canal de Sincronização (SCH) no GSM.

4. Canais de paginação: Os canais de paginação são utilizados pela rede para alertar os dispositivos móveis para as chamadas ou mensagens recebidas. O dispositivo móvel monitoriza periodicamente o canal de paginação para verificar se existem pedidos de entrada.

5. Canais de acesso: Os canais de acesso são utilizados para iniciar a comunicação entre o dispositivo móvel e a rede. O canal de acesso aleatório (RACH) é um exemplo em que o dispositivo móvel envia um pedido para estabelecer uma ligação com a rede.

6. Canais de avanço e de retrocesso: Numa rede celular, a comunicação ocorre tanto na direção direta (downlink) como na direção inversa (uplink). Os canais diretos transmitem informações da rede para o dispositivo móvel, enquanto os canais inversos transmitem informações do dispositivo móvel para a rede.

7. Canais lógicos e físicos: Os canais lógicos representam os tipos de informação que estão a ser transportados, como a voz ou a sinalização, enquanto os canais físicos se referem ao meio de transmissão propriamente dito, incluindo o espetro de radiofrequências e as faixas horárias utilizadas para a comunicação.

8. Canais dedicados e partilhados: Os canais dedicados são atribuídos para utilização exclusiva por um único dispositivo móvel, como os canais de tráfego durante uma chamada. Os canais partilhados, por outro lado, são utilizados por vários dispositivos móveis para fins comuns, como os canais de controlo ou os canais de difusão.

1.5.2 Estratégias de atribuição de canais:

A atribuição eficiente de canais é essencial para otimizar a capacidade da rede e garantir uma experiência de utilizador sem descontinuidades. As técnicas de atribuição dinâmica de canais, como o salto de frequência e a atribuição dinâmica de canais, são utilizadas para se adaptarem às condições variáveis da rede e à procura dos utilizadores. Estas técnicas desempenham um papel vital na minimização da interferência, maximizando a utilização do espetro e melhorando o desempenho global da rede. O salto de frequência é um método em que a frequência do sinal portador é periodicamente alterada de acordo com um algoritmo especificado. Esta técnica reduz a probabilidade de interferências e escutas, uma vez que o sinal é espalhado por uma vasta gama de frequências. Ao mudar rapidamente as frequências, o salto de frequência garante que, se uma frequência encontrar interferências, as outras permanecem claras, mantendo a qualidade da comunicação.

A atribuição dinâmica de canais, por outro lado, envolve a atribuição de canais aos utilizadores com base nas condições e na procura da rede em tempo real. Em vez de atribuir previamente os canais, a rede atribui dinamicamente os canais disponíveis aos utilizadores à medida que estes iniciam a comunicação. Este método melhora a eficiência da utilização dos canais, uma vez que permite que a rede responda a níveis variáveis de tráfego e se adapte a alterações na densidade e no movimento dos utilizadores. Nas redes celulares modernas, estas técnicas de atribuição dinâmica são melhoradas por algoritmos avançados e inteligência artificial. Os algoritmos de aprendizagem automática podem prever padrões de tráfego, otimizar a atribuição de recursos e gerir as transferências entre células para garantir uma experiência de utilizador sem problemas. Por exemplo, durante as horas de maior utilização, a rede pode atribuir dinamicamente canais adicionais a células congestionadas para aliviar o tráfego e manter a qualidade do serviço.

O balanceamento de carga é outro aspeto crítico da atribuição eficiente de canais. Ao distribuir o tráfego de rede uniformemente por várias células e canais, o balanceamento de carga evita que uma única célula fique sobrecarregada. Esta abordagem não só melhora o desempenho da rede como também melhora a experiência do utilizador, reduzindo a probabilidade de queda de chamadas e de velocidades de dados lentas. A agregação de portadoras, uma caraterística introduzida no 4G LTE e desenvolvida no 5G, permite que várias bandas de frequência sejam combinadas para aumentar as taxas de dados e a capacidade da rede. Ao agregar portadoras, a rede pode fornecer maior débito de dados aos utilizadores, especialmente em cenários de elevada procura. Esta técnica aproveita o espetro disponível de forma mais eficaz e proporciona um serviço mais consistente e robusto.

Além disso, as pequenas células e as redes heterogéneas (HetNets) são implantadas para melhorar a cobertura e a capacidade em zonas urbanas densas e em ambientes interiores. As pequenas células, como as microcélulas, as picocélulas e as femtocélulas, funcionam em diferentes canais e frequências, descarregando o tráfego das macrocélulas e melhorando o desempenho da rede. As HetNets integram estas células pequenas com as células macro tradicionais, utilizando a atribuição dinâmica de canais para gerir a complexa interação entre as várias camadas da rede. O advento da tecnologia 5G introduziu novos conceitos, como o fatiamento da rede, que permite a criação de redes virtuais adaptadas a aplicações e serviços específicos. A cada fatia pode ser atribuído dinamicamente o seu próprio conjunto de canais e recursos, optimizando o desempenho para diversos casos de utilização, como a banda larga móvel melhorada (eMBB), a comunicação ultra-confiável de baixa latência (URLLC) e a comunicação massiva do tipo máquina (mMTC).

1.6 Gestão da localização nas redes de comunicações móveis

A gestão da localização é um aspeto crítico das redes de comunicações móveis, garantindo que uma rede conhece a localização atual dos dispositivos móveis e pode encaminhar eficazmente chamadas e mensagens. Este processo envolve a interação entre o Home Location Register (HLR) e o Visitor Location Register (VLR), estruturas hierárquicas e transferências contínuas à medida que os utilizadores móveis se deslocam na rede. A gestão da localização permite que a rede mantenha um registo da localização atual dos dispositivos móveis, permitindo que as chamadas e mensagens recebidas sejam encaminhadas para a localização correta. Garante que os dispositivos móveis possam deslocar-se livremente dentro da área de cobertura da rede sem interromper as comunicações em curso.

O HLR é uma base de dados central que contém detalhes sobre cada assinante, incluindo a sua localização atual, informações de subscrição e serviços a que têm direito. Sempre que um dispositivo móvel é ligado, regista-se na estação de base mais próxima, que comunica esta informação ao HLR. O HLR actualiza os seus registos para refletir a localização atual do dispositivo. O VLR, por outro lado, é uma base de dados temporária que armazena informações sobre os assinantes que se encontram atualmente na área de cobertura de uma localização específica. Quando um dispositivo se desloca para uma nova localização, regista-se no VLR dessa área. O VLR actualiza então o HLR com as novas informações de localização, assegurando que a rede sabe sempre onde encontrar o dispositivo. As estruturas hierárquicas de gestão da localização são utilizadas para gerir a complexidade da localização de dispositivos em grandes redes. Estas estruturas dividem a rede em regiões, cada uma gerida pelo seu próprio HLR e VLR. Esta organização ajuda a distribuir a carga e garante uma localização eficiente e o encaminhamento de chamadas. As transferências sem descontinuidades são outro aspeto crucial da gestão da localização. Quando um utilizador se desloca de uma área celular para outra, a rede tem de transferir a sessão de comunicação em curso para a nova célula sem interrupções. Este processo envolve a coordenação entre as estações de base, os VLRs e o HLR para garantir que a chamada ou a sessão de dados continue sem problemas. Para além do rastreio básico da localização e das transferências, a gestão da localização suporta funcionalidades avançadas, como os serviços baseados na localização e o encaminhamento de chamadas de emergência. Os serviços baseados na localização fornecem aos utilizadores informações e serviços relevantes para a sua localização atual, tais como restaurantes próximos ou actualizações de trânsito. O encaminhamento de chamadas de emergência assegura que as chamadas para os serviços de emergência são direcionadas para o centro de resposta mais próximo, fornecendo informações de localização precisas para facilitar uma assistência rápida. A gestão eficaz da localização melhora a experiência geral do utilizador, garantindo que os dispositivos móveis permanecem ligados e acessíveis, independentemente do seu movimento dentro da rede. Suporta a prestação de serviços de comunicação fiáveis e permite a implementação de funcionalidades inovadoras que dependem de informações de localização precisas.

1.6.1 Registo da localização doméstica (HLR):

O Home Location Register (HLR) é uma base de dados central numa rede de comunicações móveis que armazena informações específicas dos assinantes e fornece funcionalidades essenciais para a gestão de chamadas e serviços. Serve como repositório principal dos dados do assinante, incluindo perfis de utilizador, subscrições de serviços, informações de autenticação e informações de localização permanente. Segue-se uma descrição detalhada do conteúdo e das funções do HLR. O HLR contém informações críticas, como a Identidade Internacional de Assinante Móvel (IMSI), que identifica exclusivamente cada assinante dentro da rede. Este identificador único é crucial para várias operações de rede, incluindo a autenticação e a faturação. Além disso, o HLR armazena o número da rede digital de serviços integrados da estação móvel (MSISDN), que é o número de telefone associado ao assinante. Esta ligação entre o IMSI e o MSISDN permite que a rede encaminhe chamadas e mensagens com exatidão. Os detalhes da subscrição de serviços são outro componente essencial do HLR. Incluem informações sobre os serviços que o assinante subscreveu, tais como correio de voz, reencaminhamento de chamadas e planos de dados. O HLR garante que estes serviços são devidamente provisionados e estão disponíveis para o assinante. As informações de autenticação armazenadas no HLR são vitais para proteger a rede e impedir o acesso não autorizado. Estas informações incluem a chave de autenticação do assinante (Ki), que é utilizada em conjunto com algoritmos para verificar a identidade do assinante quando este acede à rede. Este processo garante que apenas os utilizadores legítimos podem utilizar os recursos da rede. A informação de localização permanente no HLR permite à rede saber a última localização conhecida do assinante. Estas informações são actualizadas sempre que o assinante se desloca para uma área de localização diferente, garantindo que as chamadas e mensagens recebidas podem ser encaminhadas corretamente. O HLR comunica com os Registos de Localização de Visitantes (VLRs) para atualizar a localização do assinante à medida que este se desloca.

O HLR também desempenha um papel importante na gestão da itinerância. Quando um assinante viaja para fora da sua rede doméstica, o HLR interage com o VLR da rede visitada para autenticar o assinante e fornecer os detalhes de serviço necessários. Esta interação garante que o assinante possa aceder aos serviços sem problemas durante a itinerância. Além disso, o HLR suporta várias funções de gestão de chamadas e sessões. Fornece as informações necessárias para estabelecer e encerrar chamadas, garantindo que as chamadas sejam encaminhadas corretamente para o destinatário pretendido. O HLR também suporta funções de gestão da mobilidade, como o rastreio da localização dos assinantes e a gestão das transferências entre células para manter as chamadas em curso à medida que os utilizadores se deslocam. O papel do HLR estende-se ao suporte de serviços e funcionalidades suplementares. Por exemplo, armazena informações sobre as definições de barramento de chamadas, que controlam se um assinante pode efetuar ou receber determinados tipos de chamadas. Também gere as definições de reencaminhamento de chamadas, permitindo que os assinantes redireccionem as chamadas para outro número quando não estão disponíveis. Nas redes móveis modernas, o HLR evoluiu para suportar serviços e funcionalidades mais avançados. Com o advento das redes 4G e 5G, as funções do HLR estão cada vez mais integradas em sistemas mais sofisticados, como o Home Subscriber Server (HSS), que suporta serviços baseados em IP e gestão avançada da mobilidade.

Informação do assinante: O HLR armazena perfis de assinante detalhados, incluindo informações de identificação do assinante (como IMSI - International Mobile Subscriber Identity), informações de assinatura (por exemplo, serviços assinados, preferências de serviço) e dados de autenticação do utilizador (por exemplo, chaves de autenticação, algoritmos de autenticação). Mantém o registo do estado de cada assinante, incluindo se o assinante está ativo, suspenso ou desativado. O HLR mantém informações sobre os serviços suplementares subscritos pelo utilizador, como o reencaminhamento de chamadas, o barramento de chamadas, o correio de voz e os serviços de dados.

Informações de localização: O HLR armazena a localização permanente de cada assinante na rede. Estas informações incluem o código de país móvel (MCC), o código de rede móvel (MNC) e o código de área de localização (LAC) ou o código de área de rastreio (TAC) correspondentes à localização doméstica do assinante. Para além da localização doméstica permanente, o HLR também armazena informações relacionadas com a itinerância do assinante, tais como a identidade da rede visitada e informações sobre a área de localização quando o assinante está em itinerância fora da sua rede doméstica.

Encaminhamento e gestão de chamadas: O HLR fornece informações de encaminhamento de chamadas para as chamadas de entrada dirigidas a um assinante. Ajuda a determinar a localização atual do assinante e a reencaminhar a chamada para o Registo de Localização de Visitantes (VLR) ou para o Centro de Comutação Móvel (MSC) adequado que serve a localização atual do assinante. Armazena instruções relacionadas com as preferências de encaminhamento e tratamento de chamadas especificadas pelo assinante. Estas instruções ditam a forma como as chamadas de entrada devem ser tratadas em vários cenários, como quando o assinante está ocupado, inacessível ou numa localização diferente.

Autenticação e segurança: O HLR armazena informações de autenticação específicas do assinante, incluindo chaves de autenticação (por exemplo, Ki - Chave de Autenticação Individual do Assinante) e algoritmos de autenticação utilizados para a autenticação mútua entre o dispositivo móvel e a rede. Mantém parâmetros e definições de segurança relacionados com a autenticação do assinante, a encriptação e a proteção da integridade para garantir a segurança e a privacidade das comunicações entre o assinante e a rede.

Gestão dos assinantes: O HLR facilita as tarefas de gestão dos assinantes, como a ativação, desativação, suspensão e modificação dos serviços subscritos. Nas redes que suportam a portabilidade dos números, o HLR desempenha um papel na gestão dos pedidos de portabilidade dos números dos assinantes e na atualização das informações de encaminhamento em conformidade. De um modo geral, o Home Location Register (HLR) é um componente crítico das redes de comunicações móveis, fornecendo armazenamento e gestão centralizados dos dados dos assinantes, informações de localização, encaminhamento de chamadas e funções de segurança para garantir um funcionamento eficiente e seguro dos serviços móveis.

1.6.2 Registo de localização de visitantes (VLR):

O Registo de Localização de Visitantes (VLR) é uma base de dados temporária num Centro de Comutação Móvel (MSC) ou numa combinação de Registo de Localização de Visitantes/Centro de Comutação de Serviços Móveis (VLR/MSC) numa rede de comunicações móveis. Armazena temporariamente as informações dos assinantes quando os dispositivos móveis se deslocam para uma nova área de localização, permitindo um encaminhamento eficiente das chamadas e a prestação de serviços. Segue-se uma descrição detalhada do conteúdo e das funções do VLR:

O VLR contém um subconjunto dos dados armazenados no Home Location Register (HLR), mas concentra-se nos assinantes que se encontram atualmente na sua jurisdição. Inclui informações essenciais, como a Identidade Internacional do Assinante Móvel (IMSI) e o Número da Rede Digital de Serviços Integrados da Estação Móvel (MSISDN). Ao guardar estas informações, o VLR pode identificar e autenticar rapidamente os assinantes, facilitando o acesso contínuo ao serviço à medida que estes se deslocam por diferentes células e áreas de localização. Quando um dispositivo móvel entra numa nova área de localização, regista-se no VLR associado a essa área. O VLR comunica então com o HLR para recuperar o perfil do assinante e as informações de serviço. Este processo, conhecido como atualização da localização, garante que a rede tem conhecimento da localização atual do assinante, permitindo um encaminhamento preciso das chamadas e mensagens recebidas.

O VLR também armazena temporariamente a identidade temporária de assinante móvel (TMSI) do assinante. O TMSI é um identificador que muda periodicamente e é utilizado para aumentar a segurança e a privacidade, impedindo que o IMSI permanente seja frequentemente transmitido através da interface aérea. Ao utilizar o TMSI, o VLR ajuda a proteger a identidade do assinante e a reduzir o risco de escutas. Para além da informação sobre a localização e a identidade, o VLR contém dados relacionados com as subscrições de serviços e os privilégios de acesso do assinante. Isto inclui pormenores sobre serviços de voz, SMS e dados, bem como quaisquer serviços suplementares que o assinante possa ter, como o reencaminhamento de chamadas ou o barramento de chamadas. Ao ter estas informações prontamente disponíveis, o VLR garante que os assinantes podem aceder aos serviços que subscreveram sem atrasos ou interrupções. Uma das funções críticas do VLR é a gestão da mobilidade dentro da sua área de serviço. À medida que os assinantes se deslocam de uma célula para outra, o VLR coordena com os VLRs vizinhos e o HLR para facilitar as transferências. Este processo garante que as chamadas em curso e as sessões de dados sejam mantidas sem interrupções, proporcionando uma experiência de utilizador sem falhas.

O VLR também desempenha um papel importante na otimização dos recursos da rede. Ao armazenar temporariamente as informações dos assinantes a nível local, reduz a necessidade de comunicação constante com o HLR, minimizando assim o tráfego de sinalização e melhorando a eficiência da rede. Este tratamento local dos dados dos assinantes é particularmente importante em zonas densamente povoadas e com elevada mobilidade dos utilizadores. Para além das suas funções principais, o VLR apoia os serviços de emergência, fornecendo informações de localização aos centros de resposta a emergências. Isto garante que as chamadas de emergência possam ser encaminhadas para as autoridades adequadas e que a localização da pessoa que efectua a chamada possa ser determinada com precisão para uma resposta rápida. Além disso, o VLR ajuda na prevenção e deteção de fraudes. Ao monitorizar padrões invulgares de movimento ou de utilização de serviços, o VLR pode ajudar a identificar actividades potencialmente fraudulentas e tomar as medidas adequadas, como alertar o operador de rede ou restringir os serviços. Nas redes móveis modernas, as funções do VLR estão cada vez mais integradas em sistemas mais avançados que suportam tecnologias antigas e da próxima geração. Estes sistemas integrados melhoram as capacidades do VLR, proporcionando uma melhor gestão dos serviços e um melhor suporte de funcionalidades avançadas, como a comunicação baseada no IP e uma melhor gestão da mobilidade.

Informações de Assinante Temporário: O VLR mantém perfis de assinante temporários para os visitantes dentro da sua área de cobertura. Isso inclui informações de identificação do assinante, como a Identidade Internacional do Assinante Móvel (IMSI), e informações de assinatura, como serviços assinados e preferências de serviço. Mantém o registo do estado dos visitantes temporários, incluindo se o assinante está ativo, inacessível ou em estado de roaming. O VLR armazena informações sobre a área de localização atual de cada assinante visitante, incluindo o Location Area Code (LAC) ou o Tracking Area Code (TAC) correspondente à localização atual do assinante.

Encaminhamento e gerenciamento de chamadas: O VLR fornece informações sobre o encaminhamento das chamadas de entrada dirigidas aos assinantes visitantes dentro da sua área de cobertura. Ajuda a determinar a localização atual do assinante e a reencaminhar a chamada para o Centro de Comutação Móvel (MSC) adequado ou para a estação de base que serve a localização atual do assinante. Armazena instruções relacionadas com as preferências de tratamento de chamadas especificadas pelos assinantes visitantes, tais como as preferências de reencaminhamento de chamadas e as definições de barramento de chamadas.

Autenticação e segurança: O VLR mantém informações de autenticação específicas do assinante, necessárias para os procedimentos de autenticação e segurança. Isto inclui chaves de autenticação (por exemplo, Ki - Chave de autenticação individual do assinante) e algoritmos de autenticação utilizados para autenticação mútua entre o dispositivo móvel e a rede. Armazena parâmetros e definições de segurança relacionados com a autenticação do assinante, a encriptação e a proteção da integridade para garantir a segurança e a privacidade das comunicações entre o assinante visitante e a rede.

Gestão de assinantes: Quando um assinante visitante se desloca de uma área de localização para outra, o VLR gere o procedimento de atualização da localização para atualizar as informações de localização do assinante e mantê-las sincronizadas com a rede. O VLR é responsável pela prestação de serviços temporários aos assinantes visitantes dentro da sua área de cobertura, incluindo chamadas de voz, serviços de dados e serviços suplementares subscritos pelo assinante.

Gestão eficiente de recursos: O VLR optimiza a atribuição de recursos dentro da sua área de cobertura para tratar eficientemente o encaminhamento de chamadas, a sinalização e a prestação de serviços para os assinantes visitantes, minimizando a sobrecarga de sinalização ao armazenar localmente informações sobre a localização e o assinante e ao atualizar o Home Location Register (HLR) apenas quando necessário, reduzindo a necessidade de consultas frequentes ao HLR. De um modo geral, o Registo de Localização de Visitantes (VLR) desempenha um papel vital na gestão dos assinantes visitantes numa rede de comunicações móveis, fornecendo armazenamento temporário e gestão de informações sobre os assinantes, encaminhamento de chamadas, autenticação e funções de prestação de serviços para garantir uma conetividade sem descontinuidades e um funcionamento eficiente dos serviços móveis.

1.6.3 Estrutura hierárquica de localização:

A estrutura de localização hierárquica refere-se à organização de áreas geográficas numa rede de comunicações móveis em níveis hierárquicos, permitindo uma gestão eficiente da localização e do encaminhamento de chamadas. Esta estrutura divide a área de cobertura da rede em unidades administrativas progressivamente mais pequenas, reduzindo a sobrecarga de sinalização associada às actualizações de localização e ao encaminhamento de chamadas. Aqui está uma visão geral detalhada da estrutura de localização hierárquica: No nível mais elevado da estrutura hierárquica encontra-se a Rede Móvel Terrestre Pública (PLMN), que representa toda a área de cobertura de um operador de rede móvel. A PLMN engloba todos os elementos da rede, incluindo estações de base, centros de comutação e bases de dados como o Home Location Register (HLR) e o Visitor Location Register (VLR). Por baixo da PLMN, a área de cobertura está dividida em várias Áreas de Localização (LA). Cada LA é constituída por várias células e é gerida por um único Centro de Comutação Móvel (MSC) e pelo seu VLR associado. O MSC/VLR trata da configuração das chamadas, do encaminhamento e da gestão da mobilidade na sua LA, assegurando uma comunicação eficiente e uma prestação de serviços sem descontinuidades.

Dentro de cada LA, a área de cobertura é ainda dividida em unidades mais pequenas denominadas células. Uma célula representa a área geográfica coberta por uma única estação de base, que comunica diretamente com os dispositivos móveis. As células são as unidades administrativas mais pequenas da estrutura hierárquica e a sua principal função é fornecer cobertura de rádio para comunicações móveis. A estrutura hierárquica de localização inclui também níveis intermédios, como os grupos de áreas de localização (LAG) e as áreas de encaminhamento (RA). Os LAGs são conjuntos de LAs que partilham caraterísticas comuns, como a proximidade geográfica ou padrões de tráfego semelhantes. As RAs, por outro lado, são utilizadas principalmente para a comunicação de dados e são subdivisões das LAs, permitindo um encaminhamento de dados e uma gestão da mobilidade mais eficientes em redes comutadas por pacotes. A organização hierárquica da rede permite uma gestão eficiente da localização, minimizando o tráfego de sinalização necessário para as actualizações de localização. Quando um dispositivo móvel se desloca dentro de uma célula, apenas a estação de base local e o MSC/VLR estão envolvidos no rastreio da sua localização. Se o dispositivo se deslocar para uma LA diferente, a atualização da localização envolve o HLR, mas a estrutura hierárquica garante que estas actualizações não são frequentes, reduzindo a carga global de sinalização na rede. O encaminhamento de chamadas também é optimizado através da estrutura hierárquica. Quando uma chamada recebida é direcionada para um dispositivo móvel, o HLR fornece o LA atual do assinante ao MSC/VLR. O MSC/VLR utiliza então esta informação para encaminhar a chamada para a estação de base apropriada dentro do LA especificado, assegurando uma entrega eficiente e precisa da chamada. A estrutura de localização hierárquica suporta a gestão da mobilidade sem descontinuidades, permitindo uma comunicação ininterrupta à medida que os assinantes se deslocam entre diferentes células, LAs e LAGs. Os procedimentos de transferência são simplificados, com transferências locais geridas pelo MSC/VLR e transferências inter-LA que envolvem a coordenação com o HLR. Isto garante que as chamadas em curso e as sessões de dados sejam mantidas sem interrupção, melhorando a experiência do utilizador.

Para além de melhorar a eficiência, a estrutura de localização hierárquica aumenta a escalabilidade das redes móveis. À medida que o número de assinantes e a procura de serviços móveis aumentam, os operadores de rede podem facilmente expandir a cobertura adicionando mais células, LAs e LAGs dentro da estrutura hierárquica existente. Esta abordagem modular permite um crescimento incremental e uma afetação eficiente dos recursos. Além disso, a estrutura hierárquica suporta recursos avançados de rede, como serviços baseados em localização e roteamento otimizado para chamadas de emergência. Ao aproveitar as informações detalhadas de localização disponíveis em vários níveis da hierarquia, as operadoras de rede podem fornecer serviços personalizados adaptados às necessidades e preferências específicas dos assinantes.

Área de localização (LA): A unidade administrativa básica na estrutura hierárquica de localização é a área de localização (LA). Uma área de localização é uma área geográfica dentro da rede celular servida por uma ou mais estações de base. A cada área de localização é atribuído um identificador único, conhecido como código de área de localização (LAC). As áreas de localização são utilizadas para o controlo e gestão da localização dos dispositivos móveis na rede. Quando um dispositivo móvel se desloca de uma área de localização para outra, executa um procedimento de atualização da localização para informar a rede da sua nova localização.

Área de localização (TA): Nas redes que utilizam a gestão da localização baseada em áreas de localização (por exemplo, LTE - Long-Term Evolution), as áreas de localização são ainda divididas em unidades administrativas mais pequenas denominadas áreas de localização (TAs). A cada área de localização é atribuído um identificador único, conhecido como código de área de localização (TAC). As AT são mais pequenas do que as áreas de localização e são normalmente constituídas por um grupo de células vizinhas servidas pelo mesmo conjunto de estações de base.

Gestão hierárquica da localização: A gestão hierárquica da localização optimiza o processo de atualização da localização, minimizando o âmbito das actualizações da localização. Em vez de atualizar a rede com a localização do dispositivo ao nível da célula, as actualizações ocorrem ao nível da área de localização ou da área de seguimento. Ao dividir a área de cobertura da rede em níveis hierárquicos, a sobrecarga de sinalização associada às actualizações de localização é reduzida. Os dispositivos móveis só precisam de atualizar as suas informações de localização quando transitam entre áreas de localização ou áreas de seguimento, em vez de células individuais. A gestão hierárquica da localização permite um encaminhamento mais eficiente das chamadas, agrupando as células em unidades administrativas maiores. As chamadas recebidas dirigidas a dispositivos móveis numa área de localização específica ou numa área de seguimento podem ser encaminhadas de forma mais eficiente, reduzindo os atrasos na configuração das chamadas e o congestionamento da rede.

Atualização dinâmica da localização: As actualizações da localização são desencadeadas quando um dispositivo móvel se desloca de uma área de localização ou de uma área de seguimento para outra. Os dispositivos móveis podem também efetuar actualizações periódicas da localização a intervalos regulares para garantir que a rede dispõe de informações de localização actualizadas. A atualização dinâmica da localização garante que os recursos da rede são utilizados de forma eficiente, actualizando as informações de localização apenas quando necessário, minimizando o tráfego de sinalização desnecessário. De um modo geral, a estrutura hierárquica de localização melhora a eficiência da gestão da localização e do encaminhamento de chamadas nas redes de comunicações móveis, dividindo a área de cobertura da rede em níveis hierárquicos, como as áreas de localização e as áreas de seguimento. Esta otimização reduz a sobrecarga de sinalização, melhora a escalabilidade da rede e melhora a qualidade global do serviço para os assinantes móveis.

Handoffs: Os handoffs, também conhecidos como handovers, ocorrem quando um dispositivo móvel se desloca da área de cobertura de uma célula para outra enquanto está envolvido numa chamada ativa. Os handoffs sem falhas são cruciais para manter a continuidade da chamada. Existem diferentes tipos de handoffs:

Handoff Intra-Célula: Dentro da cobertura da mesma célula.

Inter-Cell Handoff: Entre células diferentes dentro da mesma área MSC/VLR.

Inter-MSC Handoff: Entre células servidas por diferentes MSCs.

Roaming: O roaming implica que um assinante utilize serviços fora da área de cobertura da sua rede doméstica. Quando um dispositivo móvel entra em roaming numa nova rede, o VLR dessa rede comunica com o HLR de origem do assinante para obter as informações necessárias e permitir o fornecimento de serviços.

Actualizações de Localização e Paging: Para gerir eficazmente as actualizações de localização e as chamadas recebidas, o VLR actualiza periodicamente o HLR com a localização do assinante. Quando uma chamada ou mensagem é dirigida a um assinante, a rede inicia um procedimento de paginação, consultando o VLR relevante para localizar o assinante dentro da sua jurisdição.

Benefícios de uma gestão eficiente da localização:

Roteamento otimizado de chamadas: Ao conhecer a localização atual de um assinante, a rede pode encaminhar eficazmente chamadas e mensagens, reduzindo a latência e melhorando a experiência do utilizador.

Otimização de recursos: A gestão eficaz da localização ajuda a otimizar os recursos da rede, minimizando a sinalização desnecessária e assegurando que os recursos são atribuídos onde são mais necessários.

Handoffs contínuos: Os handoffs bem geridos garantem que os utilizadores móveis sofram o mínimo de perturbações quando se deslocam entre células ou redes, contribuindo para uma comunicação fiável e contínua.

A gestão da localização é uma função dinâmica e essencial nas redes de comunicações móveis, garantindo que os assinantes possam usufruir de uma conetividade sem descontinuidades, independentemente da sua localização. Os avanços tecnológicos em curso continuam a aperfeiçoar e a melhorar os sistemas de gestão da localização para uma maior eficiência e uma melhor experiência do utilizador.

1.7 Atribuição de canais em sistemas celulares: Otimização da utilização do espetro

A atribuição de canais é um aspeto crucial dos sistemas celulares, com o objetivo de gerir eficientemente o limitado espetro de radiofrequências disponível para a comunicação sem fios. Nas redes celulares, os canais são atribuídos a células individuais para facilitar a comunicação simultânea entre vários utilizadores. Uma atribuição eficiente de canais aumenta a capacidade da rede, reduz as interferências e garante uma comunicação fiável. Eis uma visão geral da atribuição de canais nos sistemas celulares: Nos sistemas celulares, o espetro de radiofrequências está dividido em vários canais, cada um dos quais pode ser utilizado para a comunicação entre um dispositivo móvel e uma estação de base. Estes canais podem ser canais de voz para chamadas ou canais de dados para acesso à Internet e outros serviços. Dada a natureza finita do espetro, a atribuição eficiente destes canais é vital para maximizar o número de utilizadores simultâneos e manter um serviço de alta qualidade.

Existem várias estratégias de atribuição de canais utilizadas nos sistemas celulares. Um método comum é a atribuição de canais fixos (FCA), em que um conjunto específico de canais é permanentemente atribuído a cada célula. Esta abordagem simplifica a gestão, mas pode conduzir a ineficiências, particularmente em células com cargas de tráfego variáveis. Algumas células podem registar congestionamentos enquanto outras têm canais subutilizados. Para resolver estas ineficiências, é utilizada a atribuição dinâmica de canais (DCA). Na DCA, os canais não são fixados a células específicas; em vez disso, são atribuídos dinamicamente com base na procura atual. Este método permite uma utilização mais flexível e eficiente do espetro disponível, uma vez que os canais podem ser reatribuídos em tempo real a células com maior tráfego. É frequentemente utilizada uma abordagem híbrida, que combina elementos de FCA e DCA. Na atribuição híbrida de canais, uma parte dos canais é fixa, enquanto a restante é atribuída dinamicamente. Isto equilibra a simplicidade da FCA com a flexibilidade da DCA, proporcionando um sistema de atribuição mais adaptável e eficiente. A reutilização de canais é outro conceito crítico nos sistemas celulares. Uma vez que o espetro é limitado, os canais devem ser reutilizados em toda a rede. Para minimizar as interferências, as células que utilizam os mesmos canais são colocadas estrategicamente afastadas, com base num padrão de reutilização. Este padrão garante que as células adjacentes não utilizam as mesmas frequências, reduzindo a probabilidade de interferência co-canal. Também são utilizadas técnicas avançadas, como o salto de frequência, para aumentar a eficiência da atribuição de canais. O salto de frequência consiste em alterar periodicamente a frequência em que ocorre a comunicação, espalhando o sinal por uma gama mais vasta de frequências. Isto reduz o impacto das interferências e aumenta a segurança, dificultando a interceção das comunicações por parte dos espiões.

A gestão das interferências é uma consideração fundamental na atribuição de canais. Os algoritmos eficientes são concebidos para minimizar a interferência tanto no co-canal como no canal adjacente. Estes algoritmos têm em conta factores como a densidade celular, a distribuição dos utilizadores e os padrões de tráfego para otimizar a atribuição de canais e melhorar o desempenho global da rede. Nas redes celulares modernas, são utilizadas tecnologias como o acesso múltiplo por divisão ortogonal de frequências (OFDMA) para melhorar a atribuição de canais. O OFDMA divide o espetro em sub-canais mais pequenos que podem ser atribuídos a diferentes utilizadores. Isto permite uma utilização mais granular e eficiente do espetro, acomodando mais utilizadores e taxas de dados mais elevadas. A evolução das redes celulares para 5G e além introduz novos desafios e oportunidades para a atribuição de canais. Com o advento das frequências de ondas milimétricas e das tecnologias massivas de múltiplas entradas e múltiplas saídas (MIMO), as estratégias de atribuição de canais devem evoluir para lidar com a maior complexidade e as taxas de dados mais elevadas. Essas tecnologias oferecem o potencial para métodos de alocação ainda mais eficientes e dinâmicos, melhorando ainda mais a capacidade e o desempenho da rede.

Reutilização de frequências: A reutilização de frequências é um princípio fundamental na atribuição de canais. Numa rede celular, o espetro de frequências disponível é dividido em grupos de células. Cada cluster utiliza um conjunto de frequências e o mesmo conjunto de frequências é reutilizado em células não adjacentes para minimizar a interferência.

Acesso múltiplo por divisão de frequência (FDMA): O FDMA é uma das técnicas de atribuição de canais utilizadas nos sistemas celulares. Envolve a divisão do espetro de frequências em múltiplos canais de frequência, sendo cada canal atribuído a um utilizador ou conversação diferente. O FDMA é frequentemente combinado com outras técnicas de acesso, como o *acesso* múltiplo por divisão de tempo *(TDMA) ou o acesso múltiplo por divisão de código (CDMA), para uma maior eficiência.*

Acesso múltiplo por divisão do tempo (TDMA): O TDMA divide cada canal de frequência em intervalos de tempo, permitindo que vários utilizadores partilhem a mesma frequência sem interferências. A cada utilizador é atribuído um intervalo de tempo específico e a transmissão ocorre de forma sincronizada. O GSM (Global System for Mobile Communications) é um exemplo de um sistema celular que utiliza TDMA.

Acesso múltiplo por divisão de código (CDMA): O CDMA é outra técnica de atribuição de canais que atribui um código único a cada utilizador, permitindo que vários utilizadores partilhem a mesma frequência em simultâneo. O CDMA é conhecido pela sua utilização eficiente do espetro e pela sua resistência às interferências. É amplamente utilizado em sistemas celulares 3G e 4G.

Estratégias de atribuição de canais: Atribuição fixa de canais (FCA): Na FCA, um conjunto fixo de canais é atribuído a cada célula e a atribuição permanece constante ao longo do tempo. Embora simples, a FCA pode levar a uma utilização ineficiente dos recursos durante os períodos de baixo tráfego. Atribuição dinâmica de canais (DCA): A DCA atribui dinamicamente canais com base nos pedidos de tráfego em tempo real em cada célula. Permite uma melhor utilização dos recursos, adaptando-se às condições variáveis da rede.

Gestão de Handoff: Os handoffs, ou transferências, ocorrem quando um dispositivo móvel se desloca de uma célula para outra. A atribuição eficiente de canais é crucial para handoffs contínuos para manter uma chamada em curso. A nova célula atribui canais para o dispositivo móvel, garantindo a continuidade sem interrupções.

Divisão e sectorização de células: À medida que a procura de serviços de comunicação aumenta numa área específica, a divisão de células divide a célula existente em células mais pequenas, aumentando a capacidade. A sectorização envolve a divisão de uma célula em sectores, cada um servido por uma antena separada, aumentando ainda mais a capacidade e a cobertura.

Planeamento de canais: O planeamento de canais envolve a seleção das frequências adequadas e a sua atribuição às células para minimizar as interferências e otimizar o desempenho da rede. Tem em conta factores como a disposição física das células, a densidade de utilizadores e as potenciais fontes de interferência.

Benefícios da atribuição eficiente de canais:

- **Aumento da capacidade da rede:** A atribuição eficiente de canais maximiza o número de utilizadores que uma rede celular pode suportar em simultâneo, melhorando a capacidade global.
- **Interferência reduzida:** A atribuição adequada de canais minimiza a interferência entre células vizinhas, assegurando uma comunicação clara e fiável.
- **Melhoria da qualidade do serviço:** A atribuição optimizada de canais contribui para uma melhor qualidade das chamadas, para a redução das quedas de chamadas e para uma melhor experiência global do utilizador.
- **Adaptabilidade aos padrões de tráfego:** As estratégias dinâmicas de atribuição de canais permitem que as redes se adaptem à alteração dos padrões de tráfego e atribuam recursos onde estes são mais necessários.

A atribuição de canais em sistemas celulares é um processo dinâmico que requer monitorização e adaptação contínuas para garantir a utilização ideal do espetro e fornecer aos utilizadores serviços de comunicação fiáveis e de alta qualidade. Os avanços tecnológicos em curso, incluindo a implantação de redes 5G, continuam a moldar e a aperfeiçoar as estratégias de atribuição de canais para o futuro das comunicações sem fios.

1.8 Acesso múltiplo por divisão de código (CDMA): Possibilitar uma comunicação sem fios eficiente

O acesso múltiplo por divisão de código (CDMA) é uma tecnologia celular digital amplamente utilizada que permite que vários utilizadores partilhem simultaneamente a mesma banda de frequência. Ao contrário de outras técnicas de acesso, o CDMA atribui um código único a cada utilizador, permitindo que os seus sinais coexistam e sejam separados no recetor. Esta abordagem resulta numa utilização eficiente do espetro e na resistência às interferências. O CDMA é utilizado em várias normas de comunicação sem fios, incluindo 3G (CDMA2000) e 4G (LTE), contribuindo para a evolução das redes móveis. Segue-se uma descrição geral do CDMA e dos seus princípios fundamentais: O CDMA funciona através da propagação do sinal de dados do utilizador numa largura de banda ampla, utilizando um código de propagação único. O sinal de cada utilizador é multiplicado por este código, que tem uma frequência muito mais elevada do que o sinal de dados original. Na extremidade do recetor, o mesmo código é utilizado para desmodular o sinal, extraindo os dados originais e ignorando os sinais codificados com outros códigos. Este processo de espalhamento e dispersão permite que vários utilizadores partilhem o mesmo espetro de frequências sem interferirem uns com os outros. Uma das principais vantagens do CDMA é a sua resistência às interferências e ao ruído. Uma vez que o sinal de cada utilizador é espalhado por uma ampla largura de banda, o efeito da interferência de banda estreita é minimizado. Além disso, a utilização de códigos únicos para cada utilizador ajuda a distinguir os sinais, mesmo quando estes se sobrepõem no domínio da frequência. Isto conduz a uma melhoria significativa da qualidade e fiabilidade do sinal, especialmente em ambientes com elevados níveis de interferência.

O CDMA também oferece caraterísticas de segurança robustas. Os códigos de propagação únicos utilizados para cada utilizador dificultam a interceção ou descodificação dos sinais por pessoas não autorizadas. Esta segurança inerente torna a CDMA uma escolha atractiva para comunicações militares e seguras, bem como para redes móveis comerciais. Outro princípio fundamental do CDMA é a sua capacidade de suportar soft handoff. Em uma rede CDMA, um dispositivo móvel pode se comunicar simultaneamente com várias estações rádio-base durante uma chamada. Essa sobreposição, conhecida como soft handoff, garante uma transição perfeita de uma célula para outra, reduzindo a probabilidade de queda de chamadas e melhorando a qualidade geral da chamada. O soft handoff é particularmente benéfico em áreas com sobreposição de cobertura celular, como ambientes urbanos. O CDMA2000, um padrão 3G baseado na tecnologia CDMA, tem sido amplamente implantado em todo o mundo. Suporta débitos de dados mais elevados e melhora a eficiência espetral em comparação com os seus antecessores 2G. A CDMA2000 utiliza técnicas avançadas, como a codificação turbo e a modulação adaptativa, para melhorar as taxas de transmissão de dados e a fiabilidade, permitindo uma gama de serviços, desde chamadas de voz até ao acesso à Internet de alta velocidade.

No domínio da 4G, a Long Term Evolution (LTE) também incorpora os princípios da CDMA, nomeadamente na sua utilização do Orthogonal Frequency Division Multiple Access (OFDMA) para a comunicação downlink e do Single Carrier Frequency Division Multiple Access (SC-FDMA) para a comunicação uplink. Estas técnicas, embora distintas da CDMA tradicional, baseiam-se na ideia central de partilhar eficazmente o espetro entre vários utilizadores. A utilização pela LTE de tecnologias MIMO (Multiple Input Multiple Output) avançadas aumenta ainda mais a capacidade e as taxas de dados, tornando-a uma norma robusta e de elevado desempenho para as comunicações móveis modernas. A capacidade do CDMA para gerir eficazmente o espetro e fornecer comunicações de alta qualidade desempenhou um papel crucial na evolução das redes móveis. Os seus princípios influenciaram o desenvolvimento de tecnologias sem fios subsequentes, contribuindo para os avanços registados na tecnologia 4G e para o desenvolvimento em curso das redes 5G. A flexibilidade, a eficiência e a segurança do CDMA estabeleceram-no como uma tecnologia fundamental no panorama das comunicações sem fios.

***Tecnologia de espetro alargado*:** O CDMA funciona com base na tecnologia de espetro alargado, em que o sinal de informação é espalhado por uma largura de banda mais ampla utilizando um código único. Este processo de propagação oferece várias vantagens, incluindo uma maior resistência às interferências e uma maior segurança.

Atribuição de código único: A cada utilizador de um sistema CDMA é atribuído um código único, frequentemente designado por código de propagação ou sequência de assinatura. Este código é utilizado para modular o sinal do utilizador antes da transmissão. Os códigos únicos permitem que vários utilizadores partilhem a mesma banda de frequência sem causar interferências.

Códigos ortogonais: O CDMA utiliza códigos ortogonais, que são códigos matematicamente ortogonais entre si. A ortogonalidade garante que os códigos não interferem uns com os outros, permitindo que os sinais sejam separados no recetor, mesmo quando transmitidos simultaneamente na mesma frequência.

Vantagens do CDMA:

Aumento da capacidade: O CDMA oferece uma elevada capacidade ao permitir que vários utilizadores transmitam e recebam na mesma frequência em simultâneo, conduzindo a uma utilização mais eficiente do espetro disponível.

Melhoria da qualidade das chamadas: A utilização de códigos únicos e da tecnologia de espetro alargado ajuda a minimizar as interferências, o que resulta numa melhor qualidade das chamadas e num menor número de chamadas interrompidas.

Segurança melhorada: O CDMA proporciona um nível de segurança, uma vez que o sinal de cada utilizador é codificado com um código único. Isto faz com que seja mais difícil para os utilizadores não autorizados interceptarem ou escutarem as comunicações.

Handoffs suaves: O CDMA suporta soft handoffs, permitindo que um dispositivo móvel esteja em comunicação com várias estações rádio-base simultaneamente durante um handover. Este handoff sem problemas contribui para uma melhor continuidade das chamadas e para uma melhor experiência do utilizador.

CDMA2000 e 4G LTE: A tecnologia CDMA tem evoluído ao longo dos anos, sendo o CDMA2000 uma norma 3G que melhorou as capacidades de dados. A transição para a 4G trouxe a Long-Term Evolution (LTE), que também utiliza os princípios da CDMA, particularmente na ligação ascendente (ligação inversa).

1.9 Serviço geral de rádio por pacotes (GPRS): Permitir a conetividade de dados móveis

O General Packet Radio Service (GPRS) é um serviço de dados móveis que melhora as capacidades das redes do Global System for Mobile Communications (GSM), fornecendo transmissão de dados com comutação de pacotes. Introduzido como uma tecnologia 2,5G, o GPRS lançou as bases para serviços de dados móveis mais avançados, abrindo caminho para a evolução da Internet móvel e da comunicação de dados. Eis uma visão geral do GPRS e das suas principais caraterísticas: O GPRS permite uma utilização mais eficiente do espetro de rádio disponível, dividindo os dados em pacotes e transmitindo-os através de canais partilhados. Este método contrasta com a transmissão comutada por circuito, em que é utilizado um canal dedicado durante toda a duração de uma sessão de comunicação. Como resultado, o GPRS permite que vários utilizadores partilhem o mesmo canal, melhorando a capacidade e a eficiência globais da rede.

Uma das principais vantagens do GPRS é a sua conetividade sempre ativa. Os utilizadores podem manter uma ligação contínua à rede sem necessitarem de estabelecer uma nova sessão para cada transferência de dados. Esta caraterística suporta uma vasta gama de aplicações, incluindo correio eletrónico, navegação na Web e mensagens instantâneas, tornando o acesso móvel à Internet mais prático e fácil de utilizar. O GPRS suporta débitos de dados que variam entre 56 kbps e 114 kbps, dependendo da configuração da rede e das capacidades do dispositivo do utilizador. Embora estes débitos sejam modestos em comparação com tecnologias posteriores, representaram uma melhoria significativa em relação aos anteriores serviços de dados GSM, facilitando aplicações de dados móveis mais robustas. A introdução do GPRS trouxe também novos modelos de faturação baseados no volume de dados e não no tempo de ligação. Esta mudança tornou os serviços de dados móveis mais acessíveis e apelativos para os utilizadores, incentivando a adoção da Internet móvel e promovendo o crescimento do comércio móvel e dos serviços de conteúdos. A tecnologia GPRS inclui melhorias como a EDGE (Enhanced Data rates for GSM Evolution), que aumenta ainda mais a velocidade de transmissão de dados através da utilização de técnicas de modulação avançadas. O EDGE é por vezes designado por 2,75G, fazendo a ponte entre o GPRS e as tecnologias de terceira geração (3G). Outra caraterística fundamental do GPRS é o seu suporte para vários níveis de qualidade de serviço (QoS). Isto permite que os operadores de rede dêem prioridade a diferentes tipos de tráfego de dados, assegurando que as aplicações sensíveis ao tempo, como a VoIP (Voz sobre IP) e o streaming de vídeo, recebam a largura de banda necessária e baixa latência para um desempenho ótimo.

1. **Introdução ao GPRS:** O GPRS, introduzido no final da década de 1990, representa um avanço significativo em relação aos serviços tradicionais de dados comutados por circuitos. Funciona em redes GSM, oferecendo transmissão de dados por comutação de pacotes, o que é mais eficiente para tratar o tráfego de dados do que a abordagem por comutação de circuitos.

2. **Tecnologia de comutação de pacotes:** O GPRS utiliza a tecnologia de comutação de pacotes, em que os dados são divididos em pacotes antes da transmissão. Cada pacote é enviado individualmente e pode seguir caminhos diferentes para chegar ao destino. Isto contrasta com as redes comutadas por circuitos, em que é estabelecido um caminho dedicado durante toda a duração da comunicação.

3. **Velocidades de dados melhoradas:** Uma das principais vantagens do GPRS é a sua capacidade de fornecer débitos de dados mais elevados em comparação com as redes GSM tradicionais. Embora as velocidades sejam relativamente modestas em comparação com tecnologias posteriores como 3G e 4G, o GPRS marcou uma melhoria significativa para os serviços de dados móveis na altura.

4. **Conectividade permanente:** O GPRS introduziu o conceito de conetividade "sempre ativa", permitindo que os utilizadores permaneçam ligados à Internet sem necessidade de estabelecer uma nova ligação para cada sessão de dados.

5. **Arquitetura da rede GPRS:** A arquitetura da rede GPRS inclui a estação móvel (MS), o subsistema de estação de base (BSS), o nó de apoio GPRS de serviço (SGSN) e o nó de apoio GPRS de gateway (GGSN). O SGSN e o GGSN desempenham papéis cruciais no encaminhamento e gestão do tráfego de dados na rede GPRS.

6. **Classes multi-slot:** Os dispositivos GPRS são categorizados em classes multi-slot, definindo o número de timeslots que podem utilizar para a transmissão de dados. As classes multi-slot mais elevadas permitem débitos de dados mais rápidos. As classes de multi-slot variam entre a Classe 1 (um timeslot) e a Classe 12 (12 timeslots).

7. **Aplicações GPRS:** O GPRS abriu caminho a uma variedade de aplicações de dados móveis, incluindo a navegação móvel na Internet, o correio eletrónico, as mensagens instantâneas e a transferência básica de ficheiros. Embora as suas velocidades de dados fossem limitadas em comparação com tecnologias posteriores, o GPRS lançou as bases para a revolução dos dados móveis.

8. **Evolução para EDGE e mais além:** O EDGE (Enhanced Data Rates for GSM Evolution) é uma melhoria do GPRS, que proporciona débitos de dados mais elevados e uma maior eficiência espetral. O EDGE é frequentemente considerado uma tecnologia 2,75G e serviu de passo transitório para as tecnologias 3G, como o UMTS (Universal Mobile Telecommunications System).

Legado e transição para 3G e 4G: Embora o GPRS seja considerado uma tecnologia herdada, desempenhou um papel crucial na evolução dos serviços de dados móveis. Os seus princípios influenciaram o desenvolvimento das gerações seguintes, como a 3G, a 4G e, atualmente, a 5G, que oferecem velocidades de dados ainda mais elevadas e capacidades mais avançadas.

CAPÍTULO 2

Redes sem fios

As redes sem fios tornaram-se parte integrante da comunicação moderna, proporcionando a flexibilidade e a conveniência de ligar dispositivos sem a necessidade de cabos físicos. Das redes locais (LANs) às redes celulares globais, as tecnologias sem fios transformaram a forma como comunicamos, partilhamos informações e acedemos à Internet. Eis uma visão geral das redes sem fios, dos seus principais componentes e das suas diversas aplicações: Na sua essência, as redes sem fios utilizam sinais de radiofrequência (RF) para transmitir dados entre dispositivos. Isto permite uma comunicação perfeita entre computadores, smartphones, tablets, dispositivos IoT e outros dispositivos sem fios dentro de um intervalo especificado. As redes sem fios podem funcionar em várias frequências e normas, incluindo Wi-Fi (IEEE 802.11), Bluetooth, Zigbee e tecnologias celulares como 4G LTE e as redes 5G emergentes.

Um dos componentes fundamentais das redes sem fios é o ponto de acesso (AP) ou estação de base. Os pontos de acesso funcionam como hubs centrais que facilitam a comunicação entre os dispositivos sem fios e a infraestrutura de rede com fios. Nas redes Wi-Fi, os pontos de acesso estão ligados a routers ou switches, fornecendo conetividade à Internet e a outros recursos de rede. As redes sem fios são classificadas com base na sua área de cobertura e utilização pretendida. As redes locais (LAN) cobrem pequenas áreas geográficas, como casas, escritórios e espaços públicos, como cafés e aeroportos. O Wi-Fi é uma tecnologia comum utilizada para LANs, oferecendo acesso à Internet sem fios de alta velocidade e conetividade para vários dispositivos numa área limitada. As redes de área alargada (WAN), por outro lado, oferecem cobertura em áreas geográficas maiores, muitas vezes abrangendo cidades, regiões ou mesmo países. As redes celulares, como a 4G LTE e a 5G, são exemplos de tecnologias WAN que permitem a comunicação móvel e o acesso à Internet à escala global. Estas redes suportam chamadas de voz, mensagens de texto e transmissão de dados a alta velocidade, acomodando milhões de utilizadores em simultâneo.

A rede em malha é outra abordagem inovadora às redes sem fios, em que vários dispositivos colaboram para alargar a cobertura da rede e melhorar a fiabilidade. Numa rede em malha, cada dispositivo, ou nó, comunica com os nós vizinhos, criando caminhos redundantes para a transmissão de dados. Esta arquitetura de auto-cura aumenta a resiliência da rede e assegura uma conetividade contínua, mesmo que alguns nós falhem ou se tornem inacessíveis. A segurança é uma consideração crítica nas redes sem fios. Devido à natureza de difusão dos sinais sem fios, os dados transmitidos através de redes sem fios podem ser interceptados por partes não autorizadas se não existirem mecanismos de encriptação e autenticação adequados. As redes Wi-Fi utilizam protocolos como o WPA3 (Wi-Fi Protected Access) para proteger as transmissões de dados e impedir o acesso não autorizado. A proliferação das redes sem fios permitiu uma vasta gama de aplicações em vários sectores. Nos cuidados de saúde, as tecnologias sem fios facilitam a monitorização remota dos doentes, as consultas de telemedicina e o acesso em tempo real aos registos médicos. No sector da educação, as redes Wi-Fi apoiam iniciativas de aprendizagem digital, fornecendo aos estudantes e educadores acesso a recursos em linha e a ferramentas de colaboração. No sector empresarial, as redes sem fios aumentam a produtividade ao possibilitarem ambientes de trabalho flexíveis, permitindo que os funcionários acedam a recursos empresariais a partir de qualquer local dentro das instalações do escritório. Os retalhistas utilizam redes sem fios para gestão de inventário, sistemas de ponto de venda e envolvimento dos clientes através de dispositivos móveis e sinalização digital.

Componentes principais das redes sem fios:

Pontos de acesso (APs): Os pontos de acesso funcionam como pontos centrais nas redes sem fios, onde os dispositivos sem fios podem ligar-se à infraestrutura de rede com fios. Facilitam a comunicação entre dispositivos sem fios (como computadores portáteis, smartphones e dispositivos IoT) e a rede. Os APs são estrategicamente colocados na área de cobertura para garantir uma conetividade perfeita e um desempenho de rede eficiente. São geridos através de controladores de rede ou de sistemas de gestão baseados na nuvem para configurar definições, monitorizar o desempenho e garantir a segurança.

Routers sem fios: Os routers sem fios integram as funcionalidades de um router com fios tradicional com as de um ponto de acesso. Gerem o tráfego de rede, atribuem endereços IP a dispositivos e fornecem conetividade à Internet a clientes sem fios. Frequentemente equipados com várias portas Ethernet para ligações com fios e suporte para normas Wi-Fi como IEEE 802.11ac ou IEEE 802.11ax (Wi-Fi 6).

Placas de interface de rede sem fios (NICs): As placas de rede sem fios, também conhecidas como adaptadores sem fios, permitem que os dispositivos (por exemplo, computadores, computadores portáteis, tablets) se liguem a redes sem fios. Convertem dados entre sinais de rádio utilizados para transmissão sem fios e dados digitais que os dispositivos podem processar. Integradas em dispositivos (NICs internas) ou disponíveis como adaptadores USB externos, suportam várias normas Wi-Fi para compatibilidade.

Antenas sem fios: As antenas transmitem e recebem sinais de rádio, cruciais para alargar o alcance e a cobertura das redes sem fios.

Antenas omnidireccionais: Transmitem e recebem sinais em todas as direcções (cobertura de 360 graus).

Antenas direcionais: Focam os sinais em direcções específicas, úteis para ligações ponto-a-ponto ou para melhorar a cobertura em áreas específicas.

Colocação: Posicionado em pontos de acesso, routers e dispositivos para otimizar a intensidade do sinal e a área de cobertura.

Normas e protocolos sem fios: As normas e os protocolos definem as regras e as especificações da comunicação sem fios para garantir a compatibilidade e a interoperabilidade entre dispositivos.

Wi-Fi: Normas IEEE 802.11 (por exemplo, 802.11a/b/g/n/ac/ax) para redes locais sem fios (LANs).

Bluetooth: Tecnologia sem fios para troca de dados de curto alcance entre dispositivos.

Zigbee: Comunicação sem fios de baixa potência e baixa taxa de dados para aplicações IoT.

Celular: Normas como 4G LTE e 5G para comunicações móveis de área alargada, suportando voz, dados e conetividade IoT.

Mecanismos de encriptação e autenticação: Os mecanismos de segurança asseguram a confidencialidade, a integridade e a autenticidade dos dados transmitidos através de redes sem fios.

WPA3 (Wi-Fi Protected Access): O mais recente protocolo de segurança Wi-Fi que oferece uma encriptação mais forte e proteção contra ataques de força bruta.

802.1X: Estrutura de autenticação para controlar o acesso a redes Wi-Fi, normalmente utilizada com WPA2 (e agora WPA3).

Implementação: Configurado em pontos de acesso e routers para impor ligações seguras e impedir o acesso não autorizado.

Rede em malha: As redes em malha utilizam vários dispositivos interligados (nós) para criar uma topologia de rede auto-formada e auto-curativa. Os nós colaboram entre si para alargar a cobertura da rede a grandes áreas ou ambientes complexos. Os caminhos redundantes para a transmissão de dados aumentam a resiliência da rede e minimizam o tempo de inatividade. Utilizado em sistemas domésticos inteligentes, implementações no exterior e ambientes empresariais que requerem uma conetividade perfeita em vários locais.

Ferramentas de gestão de redes: Ferramentas e aplicações de software utilizadas para monitorizar, configurar e gerir a infraestrutura de rede sem fios.

Gestão centralizada: Os controladores de rede ou as plataformas baseadas na nuvem fornecem uma gestão unificada dos pontos de acesso, routers e definições sem fios.

Monitorização: Monitorização em tempo real do desempenho da rede, padrões de tráfego e conetividade de dispositivos.

Configuração: Configuração remota de definições de rede, actualizações de firmware e políticas de segurança para manter o funcionamento ideal da rede.

Espectro de radiofrequências: Frequências atribuídas para comunicações sem fios, reguladas por organismos nacionais e internacionais para evitar interferências e garantir uma utilização eficiente do espetro.

Bandas:

Bandas de 2,4 GHz e 5 GHz: Normalmente utilizadas para redes Wi-Fi, cada uma delas oferece vantagens distintas em termos de alcance e velocidade.

Bandas licenciadas vs. não licenciadas: As redes celulares funcionam em bandas licenciadas, enquanto as redes Wi-Fi utilizam bandas não licenciadas, sujeitas a restrições regulamentares.

Integração de dispositivos móveis e IoT: As redes sem fios suportam a conetividade para dispositivos móveis (por exemplo, smartphones, tablets) e dispositivos IoT (por exemplo, sensores, aparelhos inteligentes). Permitem o acesso à Internet móvel, implementações IoT e iniciativas de cidades inteligentes, melhorando a conveniência, a eficiência e a conetividade. Utilizar protocolos Wi-Fi, celulares (3G, 4G LTE, 5G) e sem fios de baixo consumo (por exemplo, Zigbee, Bluetooth Low Energy) para suportar diversas aplicações e casos de utilização.

Estes componentes permitem, coletivamente, a flexibilidade, a escalabilidade e a conetividade omnipresente que definem as redes sem fios modernas. Suportam uma vasta gama de aplicações em todos os sectores, desde redes empresariais e cidades inteligentes a implementações de Wi-Fi residencial e IoT, moldando a forma como as pessoas se ligam, comunicam e interagem com as tecnologias digitais.

2.1 Visão geral da LAN sem fios: Problemas de MAC

Nas LAN (redes locais) sem fios, as questões relativas ao MAC (controlo de acesso aos meios de comunicação) giram principalmente em torno da gestão do acesso ao espetro de rádio partilhado entre vários dispositivos. Ao contrário das redes com fios, em que as colisões são raras devido às ligações dedicadas, as redes sem fios enfrentam desafios como a contenção pelo meio e potenciais interferências.

Os protocolos MAC como o CSMA/CA (Carrier Sense Multiple Access with Collision Avoidance) são utilizados para atenuar estes problemas, exigindo que os dispositivos escutem as transmissões em curso antes de iniciarem as suas próprias, reduzindo assim as colisões. No entanto, podem surgir problemas com terminais ocultos, em que os dispositivos estão fora do alcance para detetar as transmissões uns dos outros, levando à perda de pacotes ou à redução do débito.

Além disso, a sobrecarga introduzida pelos protocolos MAC pode afetar a eficiência da rede, especialmente à medida que o número de dispositivos aumenta. Os mecanismos de QoS (Qualidade de Serviço) são implementados para dar prioridade a determinados tipos de tráfego, garantindo que dados críticos como voz ou vídeo sejam transmitidos com o mínimo de atraso. As preocupações com a segurança também são significativas nas LANs sem fios, sendo a falsificação de endereços MAC um problema comum em que dispositivos não autorizados imitam endereços MAC legítimos para obter acesso. Protocolos de encriptação fortes como o WPA3 ajudam a mitigar estes riscos, garantindo a confidencialidade e integridade dos dados.

Em geral, a gestão de problemas de MAC em LANs sem fios requer um equilíbrio entre acesso, interferência e considerações de segurança para manter um desempenho de rede fiável e eficiente para diversas aplicações e requisitos dos utilizadores.

Acesso em disputa: Os dispositivos em LANs sem fios disputam o acesso ao espetro de rádio partilhado. Os protocolos MAC como o CSMA/CA (Carrier Sense Multiple Access with Collision Avoidance) são utilizados para gerir o acesso, exigindo que os dispositivos escutem antes de transmitir para evitar colisões.

Terminais ocultos: Ocorrem quando os dispositivos não conseguem detetar as transmissões uns dos outros devido a obstáculos físicos ou à distância. Pode levar a colisões ou perda de pacotes, uma vez que os dispositivos podem transmitir em simultâneo, sem se aperceberem da presença uns dos outros.

Sobrecarga e eficiência: Os protocolos MAC introduzem sobrecarga para coordenar o acesso entre dispositivos. À medida que o número de dispositivos aumenta, a contenção e a sobrecarga podem reduzir a eficiência e o rendimento da rede.

Qualidade de serviço (QoS): Implementado para dar prioridade aos tipos de tráfego com base na sua importância e sensibilidade a atrasos. Garante que aplicações críticas, como chamadas de voz ou streaming de vídeo, recebam largura de banda adequada e latência mínima.

Preocupações de segurança: Falsificação de endereço MAC: Dispositivos não autorizados imitam endereços MAC legítimos para obter acesso. Resolvido através de medidas de segurança como encriptação forte (por exemplo, WPA3) e protocolos de autenticação para impedir o acesso não autorizado e violações de dados.

Interferência e utilização de canais: As LANs sem fios funcionam em bandas de frequência partilhadas, susceptíveis de interferência de outros dispositivos ou redes. Estratégias eficientes de utilização de canais e técnicas de gestão do espetro ajudam a minimizar a interferência e a otimizar o desempenho.

Otimização do desempenho: Técnicas como beamforming, MIMO (Multiple Input Multiple Output) e seleção dinâmica de canais melhoram a força e a fiabilidade do sinal. Melhora o desempenho geral da rede, atenuando os problemas relacionados com o MAC e optimizando a transmissão de dados.

Gestão e monitorização: Os administradores de rede utilizam ferramentas para monitorizar as operações MAC, os padrões de tráfego e a conetividade dos dispositivos. Ajuda a identificar e solucionar problemas relacionados a protocolos MAC, interferência ou violações de segurança em tempo real.

A resolução eficaz destes problemas MAC é crucial para garantir um funcionamento fiável, seguro e eficiente das LAN sem fios, suportando diversas aplicações e necessidades dos utilizadores, tanto em ambientes empresariais como residenciais.

2.2 IEEE 802.11, Dente Azul

O IEEE 802.11 e o Bluetooth são normas de comunicação sem fios com objectivos e caraterísticas distintas. A norma IEEE 802.11, vulgarmente conhecida como Wi-Fi, facilita as ligações LAN sem fios de alta velocidade em distâncias curtas a médias. Funciona em várias bandas de frequência (por exemplo, 2,4 GHz, 5 GHz) e suporta diferentes versões (por exemplo, 802.11a/b/g/n/ac/ax), oferecendo débitos de dados e cobertura escaláveis. O Wi-Fi é amplamente utilizado para acesso à Internet, partilha de ficheiros e conetividade de rede em casas, empresas e espaços públicos. Em contrapartida, o Bluetooth funciona na banda de 2,4 GHz e foi concebido para comunicações de curto alcance (normalmente até 10 metros). Centra-se em aplicações de baixa potência e baixa taxa de dados, como o streaming de áudio sem fios, a conetividade de dispositivos periféricos (por exemplo, teclados, ratos) e dispositivos IoT. As normas Bluetooth evoluíram (por exemplo, Bluetooth 4.x, Bluetooth 5.x) para melhorar o débito de dados, o alcance e a segurança, expandindo a sua utilidade em diversas aplicações industriais e de consumo. Ambas as normas desempenham papéis essenciais para permitir a conetividade sem fios numa série de dispositivos e ambientes, satisfazendo diferentes cenários e requisitos de utilização.

2.2.1 Objetivo e âmbito de aplicação:

IEEE 802.11 (Wi-Fi): Concebido principalmente para comunicações LAN (Local Area Network) sem fios de alta velocidade. Permite que os dispositivos se liguem à Internet, partilhem ficheiros e acedam a recursos de rede em distâncias curtas a médias (até centenas de metros). Suporta várias versões (por exemplo, 802.11a/b/g/n/ac/ax) com diferentes taxas de dados, bandas de frequência (2,4 GHz, 5 GHz) e capacidades.

Bluetooth: Concebido para comunicações sem fios de curto alcance. Centra-se na ligação de dispositivos a distâncias normalmente até 10 metros, embora o Bluetooth 5.0 alargue este alcance. Utilizado principalmente para ligar dispositivos periféricos (por exemplo, teclados, ratos), transmissão de áudio sem fios (por exemplo, auscultadores, altifalantes) e dispositivos IoT.

2.2.2 Bandas de frequência:

IEEE 802.11 (Wi-Fi): Funciona em bandas de frequência de 2,4 GHz e 5 GHz, oferecendo flexibilidade na implantação e evitando congestionamentos. As bandas de frequência mais elevadas (5 GHz) proporcionam geralmente débitos de dados mais rápidos e menos interferências, mas um alcance mais curto em comparação com 2,4 GHz.

Bluetooth: Funciona principalmente na banda ISM (Industrial, Científica, Médica) de 2,4 GHz. Dividido em canais para atenuar as interferências de outras tecnologias sem fios que operam na mesma banda.

2.2.3 Taxas de dados:

IEEE 802.11 (Wi-Fi): Suporta taxas de dados variáveis, dependendo da versão e configuração específicas (por exemplo, até vários Gbps para Wi-Fi 6/802.11ax). Permite o acesso de alta velocidade à Internet, a transmissão de vídeo HD e aplicações com grande volume de dados.

Bluetooth: Oferece taxas de dados mais baixas em comparação com o Wi-Fi, adequado para aplicações que requerem menos largura de banda. As versões Bluetooth 5.x melhoraram significativamente as taxas de dados, aumentando as capacidades de transmissão de áudio e transferência de dados.

2.2.4 Consumo de energia:

IEEE 802.11 (Wi-Fi): Normalmente, o consumo de energia é mais elevado, especialmente durante a transmissão de dados. Adequado para dispositivos ligados a fontes de alimentação ou com baterias maiores (por exemplo, computadores portáteis, smartphones).

Bluetooth: Otimizado para baixo consumo de energia, suportando dispositivos operados por bateria. Ideal para dispositivos IoT, wearables e outros equipamentos electrónicos portáteis em que a eficiência energética é fundamental.

2.2.5 Aplicações:

IEEE 802.11 (Wi-Fi): Amplamente utilizado para acesso à Internet em casas, escritórios, espaços públicos e hotspots. Suporta aplicações como videoconferência, jogos online, serviços em nuvem e automação doméstica inteligente.

Bluetooth: Normalmente utilizado para transmissão de áudio sem fios (por exemplo, auscultadores, altifalantes), conetividade de dispositivos periféricos (por exemplo, teclados, ratos) e aplicações IoT. Suporta uma variedade de produtos electrónicos de consumo, dispositivos de cuidados de saúde, sistemas automóveis e automação industrial.

2.2.6 Segurança:

IEEE 802.11 (Wi-Fi): Oferece funcionalidades de segurança robustas, como WPA3 (Wi-Fi Protected Access), encriptação e protocolos de autenticação para proteger a transmissão de dados. Essencial para proteger informações sensíveis e impedir o acesso não autorizado a redes.

Bluetooth: Implementa medidas de segurança como protocolos de emparelhamento (por exemplo, emparelhamento simples seguro) e encriptação para proteger as ligações entre dispositivos. Garante a privacidade e a integridade dos dados durante as sessões de comunicação sem fios.

2.2.7 Evolução e normas:

IEEE 802.11 (Wi-Fi): Em constante evolução com novas normas (por exemplo, Wi-Fi 6/802.11ax) para melhorar a velocidade, a capacidade e a eficiência das redes sem fios. Responde à crescente procura de taxas de dados mais elevadas, maior densidade de dispositivos e melhor desempenho em ambientes congestionados.

Bluetooth: Evoluiu através de versões (por exemplo, Bluetooth 4.x, Bluetooth 5.x) para melhorar o alcance, as taxas de dados e as opções de conetividade. Centra-se na extensão de capacidades para aplicações IoT, melhorando a interoperabilidade e reduzindo o consumo de energia.

Compreender as diferenças e os pontos fortes do IEEE 802.11 (Wi-Fi) e do Bluetooth ajuda a selecionar a tecnologia sem fios adequada com base em requisitos específicos, como o alcance, o débito de dados, o consumo de energia e os cenários de aplicação.

2.3 Protocolos de acesso múltiplo sem fios

Os protocolos de acesso múltiplo sem fios são fundamentais para gerir eficazmente o espetro de rádio partilhado em várias redes de comunicações sem fios. Desempenham um papel crucial na otimização da utilização da largura de banda e na garantia de um acesso equitativo para vários utilizadores ou dispositivos. Ao implementar protocolos como o Carrier Sense Multiple Access (CSMA), o Time Division Multiple Access (TDMA), o Frequency Division Multiple Access (FDMA), o Orthogonal Frequency Division Multiple Access (OFDMA), o Code Division Multiple Access (CDMA) e métodos de acesso aleatório como o ALOHA, estes protocolos atenuam as colisões e gerem o acesso de forma dinâmica.

Os protocolos CSMA garantem que os dispositivos verificam se há transmissões em curso antes de transmitirem, reduzindo assim a probabilidade de colisões, o que é crucial nas redes Wi-Fi e Ethernet. O TDMA atribui intervalos de tempo específicos a diferentes utilizadores, impedindo a sobreposição de transmissões e sendo normalmente utilizado em redes celulares como o GSM. O FDMA atribui bandas de frequência distintas a utilizadores individuais para evitar interferências, o que é típico dos sistemas celulares analógicos. O OFDMA subdivide os canais em sub-canais ortogonais, melhorando a eficiência do espetro nas redes LTE e Wi-Fi 6. O CDMA permite que vários utilizadores partilhem a mesma banda de frequência através da atribuição de códigos únicos, optimizando a utilização do espetro nas redes 3G e 4G. Os protocolos de acesso aleatório permitem que os dispositivos transmitam dados quando necessário, utilizando mecanismos de deteção de colisões para uma transmissão eficiente de dados em redes de satélite e redes Ethernet iniciais. Estes protocolos asseguram coletivamente uma comunicação fiável e eficiente em redes sem fios, suportando diversas aplicações, desde a comunicação móvel à conetividade com a Internet e implantações de IoT. A escolha do protocolo adequado depende de factores como a topologia da rede, as caraterísticas do tráfego, os requisitos de escalabilidade e as capacidades tecnológicas específicas da infraestrutura sem fios implementada.

Tipos:

- **Acesso Múltiplo com Sentido de Portadora (CSMA)**: Os protocolos CSMA, como o CSMA/CA (Collision Avoidance), exigem que os dispositivos escutem o canal antes de transmitir. Isto ajuda a evitar colisões ao esperar por um canal livre antes de enviar dados, normalmente utilizado em redes Wi-Fi para gerir pontos de acesso partilhados.

- **Acesso múltiplo por divisão do tempo (TDMA)**: O TDMA divide o canal em intervalos de tempo sequenciais, sendo atribuído a cada dispositivo um intervalo de tempo específico para transmissão. Este método garante que diferentes dispositivos possam transmitir sem se sobreporem no tempo, o que é comum nos sistemas de comunicação GSM e por satélite.
- **Acesso múltiplo por divisão de frequência (FDMA)**: O FDMA atribui bandas de frequência separadas a diferentes utilizadores. Cada utilizador funciona dentro da banda de frequência que lhe foi atribuída, evitando interferências entre utilizadores que partilham o mesmo canal. As redes celulares analógicas utilizam frequentemente o FDMA para atribuir canais de frequência únicos a utilizadores individuais.
- **Acesso múltiplo por divisão ortogonal de frequências (OFDMA)**: O OFDMA subdivide o canal em vários subcanais ortogonais. Cada sub-canal pode ser atribuído a diferentes utilizadores em simultâneo, optimizando a utilização do espetro e suportando elevados débitos de dados. É uma tecnologia fundamental nas redes LTE e Wi-Fi 6 (802.11ax).
- **Acesso múltiplo por divisão de código (CDMA)**: O CDMA atribui um código único a cada utilizador, permitindo que vários utilizadores transmitam simultaneamente na mesma banda de frequência. Estes códigos permitem aos receptores distinguir entre os sinais dos diferentes utilizadores, maximizando a eficiência do espetro. O CDMA é predominante nas redes 3G (CDMA2000) e 4G LTE.
- **Protocolos de acesso aleatório**: Os protocolos de acesso aleatório não programam o acesso, mas permitem que os dispositivos transmitam dados sempre que tenham informações para enviar. Baseiam-se em mecanismos de deteção e resolução de colisões para gerir transmissões simultâneas. O ALOHA e as suas variantes, como o Slotted ALOHA, são exemplos utilizados em satélites e nas primeiras redes Ethernet.

Cada um destes protocolos oferece vantagens distintas, adequadas a diferentes ambientes e aplicações de rede, desde a comunicação celular às redes locais e sistemas de satélite. A escolha do protocolo depende de factores como os requisitos de capacidade da rede, os padrões de tráfego, as considerações de mobilidade e as caraterísticas específicas da tecnologia de comunicação sem fios utilizada.

2.4 TCP sem fios

O Protocolo de Controlo de Transmissão (TCP) é um protocolo fundamental para a transmissão fiável de dados através de redes, incluindo ambientes sem fios. No entanto, as redes sem fios apresentam desafios únicos que podem afetar o desempenho do TCP em comparação com as redes com fios. Aqui está uma explicação detalhada do TCP em redes sem fio:

a. **Perda de pacotes e erros**: As redes sem fios apresentam taxas de perda de pacotes mais elevadas devido a factores como a atenuação do sinal, a interferência e a mobilidade dos dispositivos. O TCP interpreta a perda de pacotes como congestionamento, accionando mecanismos de controlo de congestionamento que reduzem a taxa de transmissão para aliviar o congestionamento da rede.

b. **Atraso e Jitter**: As redes sem fios apresentam frequentemente atrasos variáveis e jitter (variação nos tempos de chegada dos pacotes), o que afecta a estimativa do tempo de ida e volta do TCP e os mecanismos de timeout. Essa variabilidade pode levar a retransmissões desnecessárias e reduzir o rendimento.

c. **Retransmissões da camada de enlace**: Algumas tecnologias sem fios, como o Wi-Fi, efectuam retransmissões na camada de ligação (por exemplo, ARQ - Automatic Repeat Request) para recuperar pacotes perdidos sem o conhecimento do TCP. Isto pode interferir com os algoritmos de controlo de congestionamento do TCP, causando uma utilização ineficiente da largura de banda.

d. **Problemas de fragmentação e MTU**: As redes sem fio podem exigir a fragmentação de segmentos TCP devido a Unidades Máximas de Transmissão (MTUs) menores, levando a um aumento da sobrecarga e a possíveis atrasos na remontagem. A descoberta da MTU do caminho é essencial para evitar a fragmentação e otimizar a transmissão de dados.

e. **Dinâmica do canal sem fio**: As alterações dinâmicas nas condições do canal sem fios (por exemplo, desvanecimento, propagação multipercurso) afectam o desempenho do TCP, causando flutuações no débito e um aumento das taxas de perda de pacotes. Técnicas como a modulação e codificação adaptativas (AMC) atenuam esses efeitos, mas introduzem complexidade.

f. **Melhorias no TCP**: Várias melhorias do TCP, como o TCP Vegas, o TCP Westwood e o TCP New Reno, adaptam os mecanismos de controlo e recuperação de congestionamento do TCP para melhor lidar com as caraterísticas das redes sem fios. Estas melhorias visam melhorar o débito, reduzir a latência e otimizar o desempenho em ambientes sem fios.

g. **Otimização entre camadas**: As optimizações entre camadas integram o feedback das camadas inferiores (por exemplo, camada de ligação) para melhorar o funcionamento do TCP em redes sem fios. Técnicas como a Notificação Explícita de Congestionamento (ECN) e as confirmações selectivas (SACK) melhoram a capacidade de resposta do TCP às condições da rede e reduzem as retransmissões desnecessárias.

h. **Qualidade de serviço (QoS)**: Os mecanismos de QoS nas redes sem fios dão prioridade ao tráfego TCP com base nos requisitos das aplicações (por exemplo, voz sobre IP, fluxo contínuo de vídeo), garantindo a entrega fiável e atempada de dados críticos e mantendo a equidade entre os diferentes tipos de tráfego.

A otimização do desempenho do TCP em redes sem fios envolve o equilíbrio entre fiabilidade, eficiência e adaptabilidade a condições de rede variáveis. Os avanços nos algoritmos TCP e as interações entre camadas continuam a enfrentar os desafios colocados pelos ambientes sem fios, suportando uma comunicação robusta para dispositivos móveis, aplicações IoT e tecnologias sem fios emergentes como o 5G.

2.5 Aplicações sem fios

As aplicações sem fios referem-se a programas de software ou serviços que utilizam tecnologias de comunicação sem fios para transmitir e receber dados através de ondas de rádio em vez de ligações físicas com fios. Estas aplicações tiram partido de vários protocolos e normas sem fios para permitir a comunicação entre dispositivos, redes ou utilizadores, facilitando frequentemente a mobilidade e a flexibilidade no acesso a informações e serviços. As aplicações sem fios abrangem um vasto espetro de serviços e tecnologias que tiram partido da comunicação sem fios para a conetividade, mobilidade e acessibilidade. Desempenham um papel crucial na sociedade moderna, permitindo o acesso omnipresente à informação, às comunicações e aos serviços digitais em diversos sectores e indústrias

2.5.1 Tipos de aplicações sem fios:

a. **Comunicação móvel**: Aplicações como chamadas de voz, SMS (Short Message Service) e mensagens multimédia (MMS) permitem a comunicação em tempo real entre dispositivos móveis através de redes celulares (por exemplo, 2G, 3G, 4G, 5G).

b. **Acesso à Internet sem fios**: Fornece conetividade à Internet através de tecnologias sem fios, tais como Wi-Fi (IEEE 802.11), WiMAX (IEEE 802.16) e LTE (Long Term Evolution), permitindo aos utilizadores navegar em sítios Web, transmitir multimédia e aceder a serviços online.

c. **IoT (Internet das Coisas)**: As aplicações sem fios permitem que os dispositivos IoT comuniquem e troquem dados sem fios, facilitando a automatização de casas inteligentes, a monitorização industrial, o acompanhamento dos cuidados de saúde e a deteção ambiental.

d. **Redes de sensores sem fios**: Utilizadas em aplicações de monitorização ambiental, vigilância e automação, as redes de sensores sem fios (RSSF) utilizam sensores para recolher dados e transmiti-los sem fios a sistemas centrais para análise e tomada de decisões.

e. **Serviços baseados na localização (LBS)**: Aplicações como o GPS (Sistema de Posicionamento Global) e os serviços de geolocalização fornecem informações de localização em tempo real, permitindo a navegação, o rastreio de activos e a publicidade com conhecimento da localização.

f. **Multimédia sem fios**: Inclui aplicações para o fluxo contínuo de conteúdos áudio e vídeo através de redes sem fios, tais como serviços de fluxo contínuo de vídeo em linha, rádio via Internet e transmissão de televisão em direto.

2.5.2 Protocolos e normas **de aplicações sem fios**:

Os protocolos e normas de aplicações sem fios englobam uma variedade de protocolos e especificações que facilitam a comunicação e a troca de dados em redes sem fios. Eis os principais aspectos:

HTTP (Hypertext Transfer Protocol): Utilizado para navegação na Web e acesso a aplicações baseadas na Web através de redes sem fios.

SMTP (Simple Mail Transfer Protocol): Facilita a comunicação por correio eletrónico entre dispositivos e servidores através de redes sem fios.

VoIP (Voz sobre IP): Permite chamadas de voz e sessões multimédia através de redes IP, incluindo redes sem fios, utilizando protocolos como o SIP (Session Initiation Protocol) e o RTP (Real-time Transport Protocol).

Normas LAN sem fios: As normas IEEE 802.11 (Wi-Fi) regem as redes locais sem fios, suportando várias taxas de dados e bandas de frequência para conetividade sem fios.

Normas celulares: As normas GSM, CDMA, LTE e 5G definem as tecnologias de rede celular para comunicação móvel, fornecendo serviços de voz e dados em grandes áreas geográficas.

2.5.3 Desafios e considerações:

Os desafios e considerações nas aplicações sem fios abrangem vários aspectos críticos:

Segurança: As aplicações sem fios devem abordar questões de segurança como a encriptação de dados, a autenticação e a proteção contra o acesso não autorizado e a violação de dados.

Interoperabilidade: Garantir a compatibilidade e a integração sem descontinuidades entre diferentes tecnologias, dispositivos e redes sem fios.

Qualidade de serviço (QoS): Gestão do desempenho da rede para satisfazer os requisitos das aplicações em termos de latência, fiabilidade e débito, especialmente em aplicações em tempo real, como VoIP e streaming de vídeo.

Gestão da mobilidade: Suporte de transferências contínuas e continuidade do serviço à medida que os dispositivos se deslocam entre diferentes pontos de acesso sem fios ou torres de telemóveis.

Eficiência energética: Otimização do consumo de energia em dispositivos operados por bateria e sensores IoT para prolongar a vida útil e reduzir as necessidades de manutenção.

2.5.4 Tendências emergentes e direcções futuras:

As tendências emergentes e as orientações futuras em matéria de tecnologia e aplicações sem fios incluem vários desenvolvimentos transformadores:

Tecnologia 5G: Promete taxas de dados mais elevadas, menor latência e melhor conetividade para aplicações sem fios, suportando novos casos de utilização como veículos autónomos, cirurgia remota e realidade aumentada.

Computação de borda: Aproximação dos recursos computacionais à extremidade da rede para reduzir a latência e melhorar o desempenho das aplicações sem fios sensíveis à latência.

IA e aprendizagem automática: Integração da inteligência artificial e da aprendizagem automática em aplicações sem fios para análise preditiva, tomada de decisões inteligente e processamento automatizado de dados.

Integração IoT: Expandir os ecossistemas e as aplicações IoT, tirando partido da conetividade sem fios para ligar uma vasta gama de dispositivos e sensores para uma maior automatização e conhecimentos baseados em dados.

2.6 Difusão de dados

A difusão de dados é um método vital para a distribuição de informações em diversas aplicações e indústrias. Aproveita as técnicas de difusão para fornecer dados de forma eficiente a vários destinatários em simultâneo, sem necessidade de endereçamento individual. Esta abordagem é crucial em cenários que exigem a divulgação em tempo real de actualizações críticas, como alertas de emergência, dados do mercado financeiro, actualizações de software e fornecimento de conteúdos multimédia. Na prática, a difusão de dados utiliza vários meios, incluindo ondas de rádio, sinais de satélite e redes digitais, como a televisão e os protocolos da Internet. A radiodifusão digital de dados consiste na transmissão de pacotes de informação contendo texto, imagens, áudio, vídeo ou actualizações de software para chegar a uma vasta audiência de forma rápida e uniforme. Este processo garante que os utilizadores recebem a mesma informação em simultâneo, aumentando a eficácia da comunicação e a eficiência operacional.

Os desafios na transmissão de dados incluem a otimização da utilização da largura de banda para evitar o congestionamento da rede, garantindo a escalabilidade para acomodar um número crescente de destinatários e mantendo medidas de segurança robustas para proteger a integridade dos dados e impedir o acesso não autorizado. Os avanços na tecnologia, como o multicast IP para uma distribuição eficiente de dados, as normas de transmissão digital como DAB e DVB e a integração de algoritmos orientados por IA para a entrega de conteúdos personalizados, estão a moldar o futuro da transmissão de dados. Olhando para o futuro, a evolução das redes 5G promete capacidades melhoradas para a transmissão de dados com maior rendimento, latência reduzida e maior fiabilidade. Inovações em experiências de transmissão interativas e personalizadas, juntamente com a integração de blockchain para maior integridade e transparência de dados, estão prontas para transformar ainda mais a forma como os dados são transmitidos e consumidos globalmente. No geral, a transmissão de dados continua a ser fundamental nos cenários de comunicação modernos, apoiando a disseminação contínua de informações para grandes públicos com velocidade, eficiência e fiabilidade.

Visão geral e aplicações:

Meio de radiodifusão: Utiliza meios de transmissão como ondas de rádio, sinais de satélite ou redes digitais (por exemplo, transmissão de TV, transmissão de rádio).

Difusão de dados digitais: Envolve a transmissão de pacotes de dados digitais contendo informações como texto, imagens, áudio, vídeo ou actualizações de software.

Aplicações: Utilizado em vários domínios, incluindo telecomunicações, distribuição de conteúdos multimédia, alertas de emergência, anúncios de segurança pública, divulgação de dados do mercado financeiro e actualizações de software.

Técnicas e métodos:

Transmissão unidirecional: Os dados são transmitidos de uma única fonte para vários destinatários sem necessidade de feedback ou reconhecimento por parte dos destinatários individuais.

Endereços de Multicast e Broadcast: Utiliza endereços IP multicast em protocolos de rede para alcançar vários dispositivos num segmento de rede ou endereços de difusão para alcançar todos os dispositivos numa rede específica.

Redes de distribuição de conteúdos (CDN): Utilizadas por empresas de radiodifusão na Internet para distribuir grandes volumes de dados de forma eficiente, armazenando em cache o conteúdo mais próximo dos utilizadores finais para um acesso mais rápido e um menor congestionamento da rede.

Desafios e considerações:

Eficiência da largura de banda: Otimização da utilização da largura de banda para acomodar a entrega simultânea de dados a vários destinatários sem causar congestionamento na rede.

Escalabilidade: Assegurar que os sistemas de difusão podem ser escalonados para suportar um número crescente de utilizadores ou dispositivos que acedem aos dados simultaneamente.

Segurança: Implementação de mecanismos de encriptação, controlo de acesso e autenticação para proteger a integridade dos dados e impedir o acesso não autorizado durante a transmissão.

Fiabilidade: Manutenção de uma entrega fiável de dados, mesmo na presença de erros de rede, perda de pacotes ou perturbações no meio de difusão.

Sincronização de conteúdos: Assegurar a entrega sincronizada de conteúdos multimédia para garantir uma reprodução e uma experiência de utilizador perfeitas em diversos dispositivos e locais.

Avanços e inovações tecnológicas:

IP Multicast: Facilita a distribuição eficiente de dados, enviando pacotes para um grupo de hosts de destino simultaneamente, usando um único endereço IP multicast.

Normas de radiodifusão de áudio e vídeo digital: Normas como DAB (Digital Audio Broadcasting) e DVB (Digital Video Broadcasting) definem protocolos para a transmissão de conteúdos multimédia digitais através de redes terrestres, por satélite ou por cabo.

Transmissão de dados em tempo real: Permite a transmissão em direto de eventos, actualizações de dados financeiros em tempo real, transmissões desportivas e feeds de notícias para audiências globais.

Direcções futuras:

5G e mais além: Integração de redes 5G para melhorar as capacidades de difusão de dados com maior débito, menor latência e maior fiabilidade para a entrega de conteúdos multimédia.

Radiodifusão baseada em IA: Implementação de algoritmos de IA para recomendações de conteúdo personalizado, streaming de taxa de bits adaptável e inserção de conteúdo dinâmico em transmissões em tempo real.

Radiodifusão interactiva: Desenvolvimento de plataformas de difusão interactiva que permitam aos espectadores interagir com os conteúdos, participar em sondagens e receber actualizações personalizadas com base nas suas preferências.

Blockchain para a integridade dos dados: Exploração da tecnologia de cadeia de blocos para garantir a integridade, a rastreabilidade e a transparência dos dados nas transacções de radiodifusão e nas redes de distribuição de conteúdos.

2.7 IP móvel

O IP móvel (Internet Protocol) é um protocolo desenvolvido para suportar dispositivos móveis que se deslocam através de diferentes redes IP, mantendo o seu endereço IP e as ligações em curso. Permite uma comunicação e conetividade contínuas para dispositivos móveis, independentemente da sua localização, permitindo-lhes manter os seus endereços IP e aceder a serviços de rede sem interrupção. O IP móvel é essencial para permitir a mobilidade e a conetividade contínua de dispositivos móveis em redes baseadas em IP. Garante que os utilizadores móveis possam manter as suas comunicações contínuas e aceder aos serviços de rede sem interrupções, facilitando assim uma vasta gama de aplicações e serviços móveis no mundo dinâmico e interligado de hoje.

2.7.1 Visão geral do IP móvel

O IP móvel foi concebido para responder aos desafios inerentes à manutenção da conetividade dos dispositivos móveis à medida que estes mudam o seu ponto de ligação à Internet. Tradicionalmente, os dispositivos que utilizam endereços IP padrão (IPv4 ou IPv6) estão ligados a uma rede e sub-rede específicas. Quando um dispositivo se desloca para uma rede diferente, normalmente requer um novo endereço IP, interrompendo as ligações em curso.

2.7.2 Componentes do IP móvel

Os componentes do IP (Protocolo Internet) móvel incluem vários elementos-chave que funcionam em conjunto para facilitar a mobilidade e a conetividade sem descontinuidades dos dispositivos móveis em diferentes redes IP. Eis os principais componentes:

Nó móvel (MN): O próprio dispositivo móvel que altera o seu ponto de ligação à Internet, mantendo as ligações em curso. Possui um endereço IP permanente conhecido como Home Address (HoA), normalmente atribuído pela sua rede doméstica.

Home Agent (HA): Actua como a base de origem do dispositivo móvel, mantendo um registo da sua localização atual e fornecendo serviços de encaminhamento. Armazena o Home Address (HoA) do dispositivo móvel e reencaminha os pacotes destinados ao dispositivo móvel para a sua localização atual (Care-of Address, CoA).

Agente estrangeiro (FA): Localizado na rede estrangeira onde o dispositivo móvel está atualmente ligado. Regista o dispositivo móvel no Home Agent e ajuda a reencaminhar pacotes entre o Home Agent e o dispositivo móvel enquanto este está a visitar a rede estrangeira.

Care-of Address (CoA): Endereço IP temporário atribuído ao dispositivo móvel quando este se liga a uma rede estrangeira. Utilizado para reencaminhar pacotes do Home Agent para a localização atual do dispositivo móvel enquanto este se encontra fora da sua rede doméstica.

Atualização da ligação (BU): Mensagem enviada pelo dispositivo móvel ao seu Home Agent para atualizar o seu atual Care-of Address (CoA) quando se desloca para uma nova rede. Garante que o Home Agent tem as informações de localização mais actualizadas do dispositivo móvel para o encaminhamento de pacotes.

Cache de ligação: Armazenamento temporário mantido pelo Home Agent e pelo Foreign Agent que mapeia o Home Address (HoA) do dispositivo móvel para o seu Care-of Address (CoA) atual. Facilita o encaminhamento eficiente de pacotes, reduzindo a necessidade de pesquisas frequentes na base de dados do Home Agent.

Reverse Tunnelling: Técnica utilizada no IP móvel para tratar os pacotes de entrada endereçados ao Home Address (HoA) do dispositivo móvel enquanto este está ligado a uma rede estrangeira. Envolve o encapsulamento destes pacotes de entrada e o seu encaminhamento para o atual Care-of Address (CoA) do dispositivo móvel através do Home Agent.

Associações de segurança: Estabelece canais de comunicação seguros entre o Mobile Node (MN), o Home Agent (HA) e o Foreign Agent (FA) para garantir a confidencialidade, integridade e autenticação dos dados. Utiliza mecanismos como o IPsec (Internet Protocol Security) para proteger as informações sensíveis trocadas entre os componentes.

Estes componentes trabalham em conjunto para permitir que os dispositivos móveis mantenham uma conetividade contínua e acedam a serviços de rede sem problemas à medida que se deslocam entre diferentes redes. O IP móvel fornece uma estrutura robusta para a gestão da mobilidade em redes baseadas no IP, suportando uma vasta gama de aplicações e serviços que exigem comunicação e acesso ininterruptos em diversas localizações geográficas.

2.7.3 Funcionamento do IP móvel:

O funcionamento do IP (Protocolo Internet) móvel envolve várias etapas e interações fundamentais entre os seus componentes para facilitar a mobilidade e a conetividade sem descontinuidades dos dispositivos móveis em diferentes redes IP.

Registo: Quando um dispositivo móvel se desloca para uma nova rede (rede estrangeira), regista o seu Care-of Address (CoA) junto do seu Home Agent através do Foreign Agent. O Home Agent actualiza as suas informações de localização para o dispositivo móvel.

Reencaminhamento de pacotes: Quando os pacotes são enviados para o Home Address (HoA) do dispositivo móvel, são interceptados pelo Home Agent. O Home Agent encapsula os pacotes e encaminha-os para o Care-of Address (CoA) atual do dispositivo móvel através do Foreign Agent. O Foreign Agent descapsula os pacotes e reencaminha-os para o dispositivo móvel.

Otimização do encaminhamento: Em algumas implementações, o Mobile IP pode usar o roteamento direto entre o Home Agent e o Foreign Agent para reduzir a latência e otimizar a entrega de pacotes.

Otimização de roteamento: Em alguns cenários, são utilizados caminhos de encaminhamento diretos entre o HA e o FA para otimizar a entrega de pacotes e reduzir a latência.

Transferência e deslocação: Quando o MN se desloca para uma nova rede, repete o processo de registo com o novo FA, actualizando o seu Care-of Address (CoA) com o HA para garantir a entrega contínua de pacotes.

2.7.4 Vantagens do IP móvel:

O IP (Internet Protocol) móvel é fundamental para permitir a mobilidade e a conetividade ininterrupta em redes baseadas em IP. Permite que os dispositivos móveis mantenham um acesso consistente aos serviços de rede sem interrupções à medida que se deslocam entre diferentes redes. Este protocolo assegura que os dispositivos mantêm os seus endereços IP independentemente da sua localização, simplificando a gestão da rede e melhorando a experiência do utilizador. O IP móvel facilita as transferências transparentes entre redes, garantindo que as sessões em curso, como chamadas de voz e transmissão de vídeo, permaneçam ininterruptas. Suporta a escalabilidade através da gestão eficiente de muitos dispositivos móveis sem necessidade de reconfiguração do endereço IP. Compatível com a infraestrutura IP existente, o Mobile IP integra-se perfeitamente nas arquitecturas de rede e suporta diversas aplicações, como a IoT e as soluções de mobilidade empresarial. As funcionalidades de segurança, como o IPsec, protegem a integridade e a confidencialidade dos dados durante a transmissão, tornando o Mobile IP essencial para comunicações móveis seguras em vários ambientes.

Principais vantagens:

Conectividade contínua: O IP móvel permite que os dispositivos móveis mantenham ligações contínuas e acedam a serviços de rede sem interrupções à medida que se deslocam entre diferentes redes. Esta continuidade é essencial para aplicações que requerem acesso e comunicação de dados em tempo real, como chamadas de voz, videoconferência e jogos online.

Independência de localização: Os dispositivos móveis podem manter os seus endereços IP permanentes (Home Address, HoA) independentemente da sua localização atual ou da rede a que estão ligados. Esta funcionalidade elimina a necessidade de alterar os endereços IP, simplificando a gestão da rede e garantindo um acesso consistente aos serviços.

Transferências transparentes: Quando um dispositivo móvel se desloca para uma nova rede (rede estrangeira), o IP móvel facilita as transferências transparentes, actualizando o seu atual Care-of Address (CoA) com o seu Home Agent (HA). Este processo assegura que as sessões e comunicações em curso permanecem ininterruptas, melhorando a experiência do utilizador.

Escalabilidade: O IP móvel suporta muitos dispositivos móveis que acedem a serviços de rede sem que cada dispositivo tenha de reconfigurar o seu endereço IP. Esta escalabilidade é crucial em ambientes com elevadas exigências de mobilidade, como sistemas de transportes públicos, grandes campus e zonas urbanas.

Compatibilidade: O IP móvel funciona com a infraestrutura IP existente e não necessita de alterações aos protocolos de encaminhamento principais, como o IPv4 ou o IPv6. Integra-se perfeitamente nas arquitecturas de rede, garantindo a compatibilidade com vários dispositivos e componentes de rede.

Roteamento otimizado: Em algumas implementações, o Mobile IP suporta caminhos de encaminhamento optimizados entre Home Agents (HA) e Foreign Agents (FA), minimizando a latência e melhorando a eficiência da entrega de pacotes. Esta otimização de encaminhamento melhora o desempenho das aplicações e serviços móveis.

Suporte para diversas aplicações: O IP móvel é versátil e suporta uma vasta gama de aplicações e serviços, incluindo implementações de IoT (Internet das Coisas), soluções de mobilidade empresarial, serviços baseados na localização e comércio eletrónico móvel. Permite que estas aplicações funcionem eficazmente em diferentes redes e localizações geográficas.

Segurança: As implementações de IP móvel incorporam frequentemente mecanismos de segurança, como o IPsec (Internet Protocol Security), para proteger a integridade, a confidencialidade e a autenticação dos dados durante o registo e o reencaminhamento de pacotes. Isto garante que as comunicações móveis são seguras, reduzindo os riscos associados ao acesso não autorizado e às violações de dados.

Maior mobilidade dos utilizadores: Ao manter a conetividade e o acesso a recursos de rede em diferentes redes, o IP Móvel melhora a mobilidade do utilizador, permitindo que as pessoas se mantenham ligadas e produtivas enquanto estão em movimento. Esta capacidade é particularmente benéfica para profissionais, viajantes e trabalhadores de campo que dependem de comunicações móveis para o seu trabalho. O IP Móvel fornece uma estrutura robusta para gerir a mobilidade em redes baseadas em IP, oferecendo vantagens significativas em termos de conetividade contínua, escalabilidade, compatibilidade e suporte para diversas aplicações móveis. A sua capacidade para facilitar transferências sem descontinuidades e a gestão transparente de sessões torna-o indispensável para os ambientes de comunicações móveis modernos.

2.7.5 Desafios e considerações:

A implementação do IP (Protocolo Internet) móvel também implica vários desafios e considerações que as organizações e os administradores de rede devem ter em conta para garantir a sua implementação e funcionamento eficazes.

Segurança: As implementações de IP móvel devem abordar questões de segurança como a autenticação, a autorização e a integridade dos dados para evitar o acesso não autorizado e as violações de dados.

Desempenho: O encaminhamento eficiente de pacotes e a otimização do encaminhamento são cruciais para minimizar a latência e manter a qualidade do serviço (QoS) para os utilizadores móveis.

Complexidade de implementação: A implementação do IP móvel requer a coordenação entre agentes domésticos, agentes estrangeiros e dispositivos móveis, o que pode ser complexo em redes de grande escala.

Estes desafios e considerações garantem que as implementações de IP Móvel proporcionam uma conetividade fiável, segura e sem falhas para dispositivos móveis em diversos ambientes de rede. O planeamento pró-ativo, as medidas de segurança robustas, a otimização do desempenho e a conformidade com as normas são essenciais para maximizar os benefícios do IP Móvel e, ao mesmo tempo, mitigar os potenciais riscos.

2.7.6 Direcções futuras:

Olhando para o futuro, o futuro do IP (Internet Protocol) móvel está pronto a evoluir em várias direcções fundamentais para responder às tendências emergentes e aos avanços tecnológicos nas comunicações móveis.

Integração com redes 5G: O IP móvel desempenhará um papel fundamental no suporte aos requisitos de mobilidade e conetividade das redes 5G. As capacidades de latência ultra-baixa e de elevada largura de banda do 5G necessitarão de melhorias no IP móvel para otimizar as transferências, gerir a divisão da rede e suportar diversos casos de utilização, como a IoT e os veículos autónomos.

Adoção do IPv6: À medida que os endereços IPv4 se tornam cada vez mais escassos, a transição para o IPv6 continuará a crescer. As implementações de IP móvel terão de suportar endereços IPv6 para acomodar o número crescente de dispositivos ligados e fornecer um espaço de endereço maior para uma mobilidade e conetividade contínuas.

Recursos de segurança aprimorados: As futuras implementações de IP móvel centrar-se-ão no reforço das medidas de segurança para combater as ciberameaças em evolução. A encriptação melhorada, os mecanismos de autenticação e os sistemas de deteção de intrusões serão integrados para salvaguardar a integridade dos dados e proteger a privacidade dos utilizadores durante os eventos de mobilidade.

Aprendizagem automática e integração de IA: Tirando partido da aprendizagem automática e da inteligência artificial (IA), os sistemas IP móveis podem otimizar a gestão da rede, prever padrões de mobilidade e automatizar ajustes de configuração com base na análise de dados em tempo real. Isto irá melhorar a eficiência da rede e melhorar a experiência do utilizador.

Computação periférica e computação móvel periférica (MEC): O IP móvel suportará a integração com arquitecturas de computação periférica e MEC, permitindo que os dispositivos móveis acedam a serviços localizados e reduzam a latência através do processamento de dados mais próximo do ponto de consumo. Esta capacidade é crucial para aplicações sensíveis à latência, como a realidade aumentada e a análise em tempo real.

Virtualização e divisão da rede: O IP móvel aproveitará as técnicas de virtualização da rede e as capacidades de divisão da rede para criar redes virtuais personalizadas, adaptadas a aplicações ou grupos de utilizadores específicos. Esta abordagem melhora a atribuição de recursos, a escalabilidade e a gestão da QoS para diversos serviços móveis.

Comunicações IoT e M2M: O IP móvel continuará a suportar a proliferação de dispositivos IoT e comunicações máquina-a-máquina (M2M), permitindo uma conetividade sem descontinuidades e a gestão da mobilidade para milhares de milhões de dispositivos interligados. Isto inclui cidades inteligentes, automação industrial, monitorização dos cuidados de saúde e aplicações agrícolas.

Normalização e interoperabilidade: Os esforços no sentido da normalização e da interoperabilidade entre as implementações do IP móvel serão cruciais para garantir uma integração perfeita com diversas infra-estruturas e dispositivos de rede. Isto inclui a adesão às normas da indústria e a colaboração entre as partes interessadas para promover a compatibilidade e a fiabilidade.

Serviços de mobilidade centrados no utilizador: As futuras implementações de IP móvel darão prioridade aos serviços de mobilidade centrados no utilizador, oferecendo soluções personalizadas de gestão da mobilidade, serviços baseados na localização e aplicações sensíveis ao contexto que melhoram a produtividade e a experiência do utilizador em diferentes redes.

O IP Móvel é um protocolo fundamental para permitir a mobilidade e a conetividade contínua de dispositivos móveis em redes baseadas no IP. Garante que os utilizadores móveis possam manter as suas comunicações contínuas e aceder aos serviços de rede independentemente da sua localização, suportando assim uma vasta gama de aplicações e serviços móveis no mundo interligado de hoje.

2.8 WAP: Arquitetura

O Wireless Application Protocol (WAP) é uma norma técnica para aceder a informações através de uma rede móvel sem fios. A arquitetura do WAP foi concebida para se adaptar às limitações e capacidades dos dispositivos móveis, fornecendo uma estrutura normalizada para fornecer conteúdos e serviços baseados na Web. A arquitetura WAP é constituída por vários componentes-chave, desempenhando cada um deles um papel específico no processo de comunicação. A arquitetura WAP é um quadro essencial que permite aos dispositivos móveis aceder e interagir com conteúdos e serviços baseados na Web. Ao abordar as limitações do hardware móvel e as condições da rede, o WAP fornece uma solução robusta para proporcionar uma experiência de utilizador sem descontinuidades. medida que a tecnologia móvel continua a avançar, os princípios e componentes da arquitetura WAP continuam a ser relevantes, sustentando a evolução contínua do acesso móvel à Internet.

1. **Dispositivo móvel (cliente):** O dispositivo móvel, equipado com um browser WAP, actua como cliente na arquitetura WAP. É responsável por iniciar a comunicação, enviando pedidos de conteúdos ou serviços e apresentando os dados recebidos. O programa de navegação WAP foi concebido para se adaptar às limitações dos dispositivos móveis, tais como o tamanho limitado do ecrã, a memória e a capacidade de processamento. Interpreta e apresenta conteúdos escritos em Wireless Markup Language (WML) ou XHTML, fornecendo aos utilizadores uma interface acessível e navegável para interagir com aplicações baseadas na Web.

2. **Gateway/Proxy WAP:** Este componente intermediário converte os pedidos WAP do dispositivo móvel em pedidos HTTP para o servidor Web e vice-versa. Actua como uma ponte entre a rede móvel e a Internet, assegurando a compatibilidade e a transmissão eficiente de dados. O WAP Gateway/Proxy é um componente intermediário essencial na arquitetura WAP. Serve de ponte entre o dispositivo móvel (cliente) e a Internet, facilitando a comunicação e o intercâmbio de dados entre eles. A gateway/proxy desempenha várias funções essenciais para garantir a compatibilidade, a eficiência e a segurança na transmissão de dados.

3. **Servidor Web:** O servidor Web na arquitetura WAP é responsável por alojar e servir o conteúdo e as aplicações que os dispositivos móveis solicitam. Trata os pedidos HTTP da Gateway/Proxy WAP e responde com o conteúdo apropriado, normalmente formatado de forma adequada aos dispositivos móveis. O servidor Web desempenha

um papel fundamental para garantir que os utilizadores possam aceder eficazmente a uma vasta gama de serviços e informações baseados na Web.

4. **Pilha de protocolos WAP:** A pilha de protocolos WAP é uma arquitetura em camadas que permite uma comunicação eficiente entre dispositivos móveis e servidores Web através de redes sem fios. Cada camada da pilha executa funções específicas para garantir a entrega contínua de conteúdos e serviços. A pilha foi concebida para enfrentar os desafios únicos da comunicação móvel, tais como largura de banda limitada, maior latência e menor capacidade de processamento.

A pilha de protocolos WAP garante uma comunicação eficiente, fiável e segura entre dispositivos móveis e servidores Web. Ao separar o processo de comunicação em camadas distintas, a pilha permite um desenvolvimento modular e uma adaptação mais fácil a diferentes ambientes de rede. Cada camada desempenha funções específicas, contribuindo para a eficácia global da arquitetura WAP no fornecimento de conteúdos e serviços baseados na Web a utilizadores móveis. A pilha de protocolos WAP aborda os desafios únicos da comunicação móvel e fornece uma estrutura sólida para o desenvolvimento e a implantação de aplicações Internet móveis. Como a tecnologia móvel continua a evoluir, os princípios e a estrutura da pilha WAP continuam a ser fundamentais para garantir um acesso contínuo, eficiente e seguro a informações e serviços em dispositivos móveis.

As camadas principais da pilha de protocolos WAP:

Protocolo de datagrama sem fios (WDP): Trata do transporte de dados em diferentes redes sem fios.

Segurança da camada de transporte sem fios (WTLS): Fornece funcionalidades de segurança como a encriptação e a integridade dos dados.

Protocolo de transação sem fios (WTP): Gere as comunicações orientadas para a transação, assegurando a entrega fiável de mensagens.

Protocolo de sessão sem fios (WSP): Mantém as informações da sessão e facilita a troca de dados da sessão entre o cliente e o servidor.

5. **Codificação de conteúdos:** Para otimizar a largura de banda limitada e o poder de processamento dos dispositivos móveis, o WAP utiliza técnicas de codificação eficientes para a transmissão de dados, como a codificação binária para WML. A codificação de conteúdos na arquitetura WAP é essencial para otimizar a transmissão de dados através de redes sem fios, que normalmente têm uma largura de banda limitada e uma latência mais elevada do que as redes com fios. São utilizadas técnicas de codificação eficientes para minimizar a quantidade de dados transmitidos, melhorando assim os tempos de carregamento e reduzindo o congestionamento da rede.

6. **Portadores sem fios:** A WAP suporta vários suportes sem fios, como GSM, GPRS, CDMA e UMTS. Esta flexibilidade permite que o WAP seja utilizado em diferentes tipos de redes móveis, proporcionando uma ampla compatibilidade e permitindo uma adoção generalizada.

A arquitetura WAP garante que os utilizadores móveis podem aceder a conteúdos baseados na Web de forma eficiente e segura, apesar das limitações das redes e dispositivos móveis. Esta abordagem normalizada permite uma vasta gama de serviços móveis, desde simples informações baseadas em texto a aplicações interactivas mais complexas. À medida que a tecnologia móvel foi evoluindo, o WAP lançou as bases para tecnologias de Internet móvel mais avançadas, assegurando a continuidade e a compatibilidade entre diferentes dispositivos e redes.

2.9 Pilha de protocolos WAP

A pilha de protocolos WAP (Wireless Application Protocol) é uma arquitetura em camadas concebida para facilitar a transmissão eficiente de dados e a comunicação entre dispositivos móveis e servidores Web através de redes sem fios. Cada camada da pilha desempenha funções distintas, contribuindo para o objetivo global de fornecer conteúdos e serviços baseados na Web sem problemas, mesmo sob as limitações dos ambientes móveis. A pilha de protocolos WAP está dividida em cinco camadas principais: Wireless Datagram Protocol (WDP), Wireless Transport Layer Security (WTLS), Wireless Transaction Protocol (WTP), Wireless Session Protocol (WSP) e Wireless Application Environment (WAE). A pilha de protocolos WAP é uma estrutura sofisticada concebida para enfrentar os desafios únicos da comunicação móvel, assegurando o fornecimento eficiente, fiável e seguro de conteúdos e serviços baseados na Web. Ao dividir o processo de comunicação em camadas distintas, a pilha WAP permite o desenvolvimento modular e a adaptação a diferentes ambientes de rede. Cada camada desempenha funções específicas, contribuindo para a eficácia global da arquitetura WAP no fornecimento de uma experiência Web móvel sem descontinuidades. Como a tecnologia móvel continua a evoluir, os princípios e a estrutura da pilha WAP continuam a ser fundamentais para garantir o acesso contínuo a informações e serviços em dispositivos móveis

2.9.1 Protocolo de datagrama sem fios (WDP)

O Wireless Datagram Protocol (WDP) é a camada mais baixa da pilha WAP. Fornece um serviço de transporte consistente para as camadas superiores, abstraindo as especificidades das redes sem fios subjacentes. O WDP permite que a pilha WAP funcione independentemente da rede física, seja ela GSM, GPRS, CDMA ou UMTS. As principais funções do WDP incluem:

O WDP permite que as camadas superiores funcionem sem ter em conta as especificidades da rede subjacente, garantindo que as aplicações WAP possam funcionar em vários tipos de rede. Fornece um serviço de datagrama para enviar e receber pacotes de dados, semelhante à funcionalidade fornecida pelo UDP na pilha TCP/IP. O WDP inclui mecanismos básicos de deteção de erros para identificar e tratar os erros de transmissão, embora dependa de camadas superiores para a correção avançada de erros.

2.9.2 Segurança da camada de transporte sem fios (WTLS)

O WTLS (Wireless Transport Layer Security) opera acima do WDP, fornecendo recursos de segurança essenciais para comunicações WAP. O WTLS garante que os dados transmitidos entre dispositivos móveis e servidores sejam seguros, protegendo contra espionagem, adulteração e falsificação. Os principais recursos do WTLS incluem:

O WTLS encripta os dados para garantir a confidencialidade, tornando-os ilegíveis para partes não autorizadas.

Utiliza códigos de autenticação de mensagens (MACs) para verificar se os dados não foram alterados durante a transmissão. O WTLS suporta a autenticação de clientes e servidores através de certificados digitais, garantindo que ambas as partes são legítimas. Ele gerencia sessões seguras, negociando parâmetros de segurança e mantendo informações de estado.

2.9.3 Protocolo de transação sem fios (WTP)

O Wireless Transaction Protocol (WTP) é responsável pela gestão da comunicação orientada para a transação entre o cliente e o servidor. O WTP fornece mecanismos para a entrega fiável de mensagens e o tratamento eficiente de pedidos e respostas. As suas principais funções incluem:

A WTP garante a entrega fiável de mensagens através da implementação da deteção de erros, da retransmissão de mensagens perdidas e da confirmação de mensagens recebidas. A WTP suporta diferentes tipos de transação, incluindo pedidos unidireccionais fiáveis, pedidos unidireccionais não fiáveis e trocas bidireccionais fiáveis de pedido-resposta. O WTP foi concebido para ser leve, minimizando a sobrecarga imposta aos dispositivos móveis e às redes, garantindo ao mesmo tempo a sua robustez.

2.9.4 Protocolo de sessão sem fios (WSP)

O protocolo de sessão sem fios (WSP) funciona acima do WTP, gerindo as sessões entre o cliente e o servidor. O WSP fornece uma estrutura para manter as informações da sessão, permitindo que vários pedidos e respostas sejam trocados numa única sessão. As principais caraterísticas do WSP incluem:

O WSP estabelece, mantém e termina sessões, garantindo a continuidade da comunicação e reduzindo a necessidade de ligações repetidas. Ao manter o contexto da sessão, o WSP reduz a sobrecarga de criação de novas conexões para cada solicitação, melhorando a eficiência da comunicação. Suporta a persistência da sessão, permitindo aos utilizadores retomar as sessões sem perder o contexto, o que é crucial para as aplicações que requerem interações contínuas.

2.9.5. Ambiente de aplicações sem fios (WAE)

O ambiente de aplicações sem fios (WAE) é o nível mais elevado da pilha WAP. Fornece a estrutura para o desenvolvimento e execução de aplicações móveis, incluindo a conceção da interface do utilizador e a apresentação de conteúdos. O WAE engloba vários componentes-chave:

Wireless Markup Language (WML): A WML é uma linguagem de marcação optimizada para dispositivos móveis, que permite a criação de interfaces de utilizador leves e eficientes, adequadas a ecrãs pequenos e recursos limitados.

Script WML: Uma linguagem de script como o JavaScript, o WML Script permite a lógica e a interatividade do lado do cliente nas páginas WML. É utilizada para efetuar tarefas como a validação de entradas e a manipulação de dados.

Aplicação de telefonia sem fios (WTA): A WTA integra os serviços de telefonia móvel com o conteúdo da Web, fornecendo funcionalidades como o clique para ligar e a integração de SMS. Permite uma interação perfeita entre as aplicações Web e as funções de telefonia.

Adaptação de conteúdos: A WAE inclui mecanismos para adaptar o conteúdo às capacidades dos dispositivos móveis, garantindo que as páginas Web e as aplicações são apresentadas de forma correta e eficiente.

2.10 Ambiente de aplicações sem fios (WAE)

O ambiente de aplicação sem fios (WAE) é a camada superior da pilha do protocolo de aplicação sem fios (WAP), fornecendo a estrutura para o desenvolvimento e execução de aplicações móveis. O WAE aborda as restrições únicas dos dispositivos móveis, como o poder de processamento, a memória e o tamanho do ecrã limitados, para garantir que os utilizadores tenham uma experiência perfeita e eficiente quando acedem a conteúdos e serviços baseados na Web. A WAE engloba vários componentes, incluindo Wireless Markup Language (WML), WML Script e a estrutura Wireless Telephony Application (WTA).

2.10.1 Componentes da WAE:

1. Linguagem de marcação sem fios (WML): A Wireless Markup Language (WML) é uma linguagem de marcação concebida especificamente para dispositivos móveis. É semelhante à HTML, mas optimizada para os ecrãs pequenos, a largura de banda limitada e as capacidades de processamento reduzidas dos dispositivos móveis. A WML permite aos programadores criar interfaces de utilizador leves e eficientes que podem ser facilmente navegadas em telemóveis e outros dispositivos portáteis.

Os documentos WML estão estruturados em cartões e baralhos. Um cartão representa um único ecrã de conteúdo, enquanto um baralho é uma coleção de cartões. Os utilizadores navegam entre cartões dentro de um baralho, o que permite a entrega eficiente de conteúdos e a interação dos utilizadores. O WML suporta vários elementos de texto (por exemplo, parágrafos, cabeçalhos) e elementos de entrada (por exemplo, campos de texto, botões) que permitem aos utilizadores interagir com o conteúdo. O WML inclui elementos de navegação, como hiperligações e âncoras, que permitem aos utilizadores deslocarem-se facilmente entre cartões e baralhos.

2. Script WML: O WML Script é uma linguagem de script leve baseada em JavaScript, concebida para melhorar a interatividade e a funcionalidade das páginas WML. Permite o processamento do lado do cliente, reduzindo a necessidade de comunicação constante com o servidor e melhorando assim o desempenho e a experiência do utilizador.

Os scripts WML podem responder a acções do utilizador, como cliques em botões e preenchimento de formulários, permitindo interações dinâmicas. Os scripts podem validar a entrada do utilizador no lado do cliente, reduzindo a carga no servidor e fornecendo feedback imediato ao utilizador. O WML Script permite a manipulação e o cálculo de dados básicos, possibilitando interações e funcionalidades mais complexas nas páginas WML.

3. Quadro de aplicações de telefonia sem fios (WTA): A estrutura da aplicação de telefonia sem fios (WTA) integra serviços de telefonia móvel com conteúdo Web, permitindo uma funcionalidade melhorada que tira partido das capacidades de telefonia dos dispositivos móveis. A WTA permite a funcionalidade "click-to-call", em que os utilizadores podem iniciar chamadas telefónicas diretamente a partir de uma página WML, clicando numa hiperligação. A estrutura suporta a integração de serviços SMS, permitindo que as aplicações enviem e recebam mensagens de texto. O WTA fornece APIs para aceder a serviços de telefonia, permitindo que as aplicações interajam com as funcionalidades do telefone, como registos de chamadas e contactos.

2.10.2 Serviços e funcionalidades do WAE:

1. Adaptação dos conteúdos: O WAE inclui mecanismos para adaptar o conteúdo às capacidades dos diferentes dispositivos móveis. Isto garante que as páginas Web e as aplicações são apresentadas de forma correta e eficiente, independentemente do dispositivo utilizado.

O WAE pode utilizar perfis de dispositivo para determinar as capacidades específicas de um dispositivo móvel, tais como o tamanho do ecrã, a profundidade de cor e os tipos de multimédia suportados. Com base no perfil do dispositivo, o WAE pode transformar o conteúdo para otimizar a sua visualização, por exemplo, redimensionando imagens, ajustando a disposição e simplificando a navegação.

2. Gestão de sessões: O WAE suporta a gestão de sessões, permitindo a manutenção de sessões de utilizadores em múltiplas interações. Isto é crucial para as aplicações que requerem um envolvimento contínuo do utilizador e a persistência do estado. À semelhança dos ambientes Web tradicionais, o WAE pode utilizar cookies para armazenar informações sobre a sessão no dispositivo cliente. As aplicações podem manter variáveis de sessão no lado do servidor para acompanhar as interações e preferências do utilizador.

3. Serviços push: O WAE inclui suporte para serviços push, permitindo que os servidores enviem conteúdo e notificações para dispositivos móveis sem a necessidade de o utilizador iniciar um pedido. Isto é particularmente útil para aplicações que necessitam de fornecer actualizações ou alertas em tempo real. O PPG actua como um intermediário entre o servidor e o dispositivo móvel, gerindo a entrega de mensagens push. O WAE suporta indicações de serviço, que são notificações enviadas para o dispositivo para alertar o utilizador de novos conteúdos ou actualizações.

2.10.3 Vantagens da ETA:

1. Desempenho optimizado: O WAE foi concebido para otimizar o desempenho em dispositivos móveis, assegurando tempos de carregamento rápidos e interações rápidas, mesmo em dispositivos com recursos limitados e em redes sem fios mais lentas.

2. Melhoria da experiência do utilizador: Ao tirar partido do WML, do WMLScript e da estrutura WTA, o WAE permite a criação de aplicações ricas e interactivas que proporcionam uma experiência de utilizador perfeita. Caraterísticas como a integração de click-to-call e SMS melhoram a usabilidade e a funcionalidade das aplicações móveis.

3. Ampla compatibilidade: O WAE suporta uma vasta gama de dispositivos móveis e tipos de rede, assegurando que as aplicações podem chegar a uma vasta audiência. A utilização de perfis de dispositivos e de mecanismos de adaptação de conteúdos garante a compatibilidade entre diferentes dispositivos e condições de rede.

4. Segurança: O WAE inclui suporte para funcionalidades de segurança como a encriptação e a autenticação, assegurando que os dados transmitidos entre dispositivos móveis e servidores estão protegidos contra o acesso não autorizado e a adulteração.

2.10.4 Evolução e futuro do WAE:

Embora a WAE tenha sido fundamental para o desenvolvimento inicial de aplicações Web móveis, a evolução da tecnologia móvel levou ao desenvolvimento de estruturas e normas mais avançadas. O HTML5, o CSS3 e o JavaScript substituíram largamente o WML e o WML Script, oferecendo ferramentas mais poderosas e flexíveis para a criação de aplicações móveis. Além disso, a proliferação de smartphones e a disponibilidade generalizada de Internet móvel de alta velocidade diminuíram as restrições que a WAE foi concebida para resolver. As estruturas e tecnologias modernas baseiam-se na base estabelecida pelo WAE, tirando partido dos seus conhecimentos para criar aplicações móveis ainda mais sofisticadas e capazes. O Wireless Application Environment (WAE) fornece uma estrutura abrangente para o desenvolvimento e fornecimento de aplicações móveis. Ao abordar as limitações únicas dos dispositivos e redes móveis, o WAE permite a criação de aplicações eficientes, interactivas e de fácil utilização que melhoram a experiência da Web móvel. À medida que a tecnologia móvel continua a avançar, o legado do WAE perdura, influenciando a evolução contínua do desenvolvimento de aplicações móveis.

2.11 Aplicações móveis

As aplicações móveis, vulgarmente conhecidas por apps, tornaram-se parte integrante do nosso quotidiano, fornecendo uma vasta gama de funcionalidades que satisfazem várias necessidades e preferências. Estas aplicações são executadas em dispositivos móveis, como smartphones e tablets, tirando partido das suas capacidades únicas para oferecer serviços que vão desde a comunicação e o entretenimento à produtividade e à gestão da saúde. O desenvolvimento e a proliferação de aplicações móveis têm sido impulsionados pelos avanços na computação móvel, nas comunicações sem fios e na conceção da interface do utilizador.

2.11.1 Tipos de aplicações móveis:

1. Aplicações nativas: As aplicações nativas são desenvolvidas especificamente para um determinado sistema operativo (SO) utilizando as linguagens e ferramentas de programação nativas da plataforma. Por exemplo, as aplicações iOS são criadas utilizando Swift ou Objective-C, enquanto as aplicações Android são desenvolvidas utilizando Java ou Kotlin. As aplicações nativas oferecem o melhor desempenho e experiência de utilizador, uma vez que são optimizadas para o SO de destino.

- **Vantagens:**
  - **Alto desempenho:** As aplicações nativas podem utilizar plenamente o hardware do dispositivo e as funcionalidades do sistema operativo, o que resulta num desempenho suave e reativo.
  - **Melhor experiência do utilizador:** Oferecem um aspeto e uma sensação consistentes com o SO, proporcionando uma interface de utilizador (IU) intuitiva e uma navegação sem falhas.
  - **Acesso a funcionalidades do dispositivo:** As aplicações nativas têm acesso direto às caraterísticas do dispositivo, como a câmara, o GPS e os sensores, permitindo uma funcionalidade mais rica.
- **Desvantagens:**
  - **Custos de desenvolvimento:** Criar aplicações separadas para diferentes plataformas pode ser moroso e dispendioso.
  - **Manutenção:** A aplicação de cada plataforma requer manutenção e actualizações separadas, aumentando a carga de trabalho dos programadores.

2. Aplicações Web: As aplicações Web são acedidas através do navegador Web de um dispositivo móvel e não requerem a instalação a partir de uma loja de aplicações. São construídas utilizando tecnologias Web padrão, como HTML5, CSS3 e JavaScript, e são concebidas para serem reactivas, adaptando-se a diferentes tamanhos e orientações de ecrã.

- **Vantagens:**
  - **Compatibilidade entre plataformas:** As aplicações Web podem ser executadas em qualquer dispositivo com um navegador Web, eliminando a necessidade de desenvolvimento específico da plataforma.
  - **Facilidade de actualizações:** As actualizações são aplicadas no lado do servidor, assegurando que todos os utilizadores acedem à versão mais recente sem necessitarem de descarregar nada.
  - **Custos de desenvolvimento mais baixos:** Uma única base de código pode servir várias plataformas, reduzindo o tempo e os custos de desenvolvimento.
- **Desvantagens:**
  - **Desempenho limitado:** As aplicações Web podem não ter um desempenho tão bom como as aplicações nativas, especialmente no caso de aplicações com muitos gráficos.
  - **Acesso restrito às funcionalidades do dispositivo:** Têm acesso limitado ao hardware do dispositivo e às caraterísticas do sistema operativo, o que pode restringir a funcionalidade.

3. Aplicações híbridas: As aplicações híbridas combinam elementos de aplicações nativas e da Web. São construídas utilizando tecnologias Web, mas estão envolvidas num contentor nativo que lhes permite serem distribuídas através de lojas de aplicações e aceder a funcionalidades do dispositivo. Estruturas como Apache Cordova, Ionic e React Native facilitam o desenvolvimento de aplicações híbridas.

- **Vantagens:**
  - **Desenvolvimento multiplataforma:** Uma única base de código pode ser utilizada para várias plataformas, à semelhança das aplicações Web.
  - **Acesso a funcionalidades do dispositivo:** As aplicações híbridas podem aceder a funcionalidades do dispositivo através de plug-ins, proporcionando uma funcionalidade mais próxima das aplicações nativas.
  - **Desenvolvimento mais rápido:** As aplicações híbridas podem ser desenvolvidas mais rapidamente do que as aplicações nativas, especialmente para projectos que visam várias plataformas.

- **Desvantagens:**
    - **Compensações de desempenho:** As aplicações híbridas podem não atingir o mesmo nível de desempenho e experiência do utilizador que as aplicações nativas.
    - **Depuração complexa:** A depuração pode ser mais complexa devido à combinação de componentes nativos e da Web.

2.11.2 Principais componentes das aplicações móveis:

1. Interface do utilizador (IU) e experiência do utilizador (UX): A IU e a UX são componentes críticos das aplicações móveis, determinando a forma como os utilizadores interagem com a aplicação e percepcionam o seu valor. Uma IU bem concebida é intuitiva, visualmente apelativa e fácil de navegar, enquanto uma boa experiência do utilizador garante que a aplicação é funcional, fiável e satisfaz as necessidades dos utilizadores.

Os elementos comuns da IU incluem botões, formulários, menus e ícones. Estes elementos devem ser concebidos de forma a serem tácteis, com tamanhos e espaçamentos adequados para acomodar os toques dos dedos.

Os princípios-chave da experiência do utilizador incluem a usabilidade, a acessibilidade e a capacidade de resposta. A aplicação deve ser fácil de utilizar, acessível a pessoas com deficiências e adaptável a diferentes tamanhos e orientações de ecrã.

2. Serviços de backend: Muitas aplicações móveis dependem de serviços de backend para funcionarem eficazmente. Estes serviços tratam do armazenamento de dados, da autenticação do utilizador, das notificações push e da comunicação com outros sistemas. O backend é normalmente alojado em servidores remotos ou plataformas de nuvem, garantindo escalabilidade e fiabilidade.

As APIs permitem a comunicação entre a aplicação e os serviços de backend. Permitem que a aplicação envie pedidos de dados ou funcionalidades e receba respostas num formato estruturado, como JSON ou XML.

As bases de dados armazenam os dados da aplicação, tais como as informações do utilizador, o conteúdo e as preferências. As bases de dados comuns para aplicações móveis incluem SQLite, Firebase e Realm.

3. Segurança: A segurança é uma preocupação fundamental para as aplicações móveis, especialmente as que tratam de informações sensíveis, como dados pessoais, transacções financeiras ou registos de saúde. As medidas de segurança incluem:

A encriptação de dados em trânsito e em repouso protege-os contra o acesso não autorizado. A implementação de métodos de autenticação robustos (por exemplo, palavras-passe, biometria) garante que apenas os utilizadores autorizados podem aceder à aplicação. Os mecanismos de autorização controlam as permissões do utilizador e os níveis de acesso. Seguir práticas de codificação seguras ajuda a evitar vulnerabilidades como a injeção de SQL, XSS (cross-site scripting) e transbordos de memória intermédia.

4. Otimização do desempenho: A otimização do desempenho das aplicações móveis é crucial para proporcionar uma experiência de utilizador sem problemas. Os principais aspectos da otimização do desempenho incluem: Gerir recursos como a memória, a CPU e a utilização da bateria garante que a aplicação funciona sem problemas sem esgotar os recursos do dispositivo. Garantir que a aplicação responde rapidamente às interações do utilizador e fornece feedback em milissegundos melhora a experiência do utilizador. Os testes de carga ajudam a identificar e a resolver os estrangulamentos de desempenho, garantindo que a aplicação consegue lidar com grandes volumes de tráfego e dados.

2.11.3 Processo de desenvolvimento:

1. Planeamento e análise de requisitos: O processo de desenvolvimento começa com o planeamento e a análise de requisitos, onde são definidos os objectivos, o público-alvo e as funcionalidades da aplicação. Esta fase envolve a recolha de requisitos das partes interessadas, a realização de estudos de mercado e a criação de um plano de projeto.

2. Conceção: A fase de conceção envolve a criação da arquitetura da aplicação, da interface do utilizador e da experiência do utilizador. Esta fase inclui a elaboração de wireframes, a criação de protótipos e a conceção dos elementos visuais da aplicação. O feedback dos utilizadores é frequentemente incorporado para aperfeiçoar o design e garantir que corresponde às expectativas dos utilizadores.

3. Desenvolvimento: Durante a fase de desenvolvimento, o código da aplicação é escrito e as suas funcionalidades são implementadas. Esta fase envolve o desenvolvimento front-end (UI e UX) e o desenvolvimento back-end (lógica do lado do servidor e integração da base de dados). Os programadores utilizam várias ferramentas e estruturas para simplificar o processo de desenvolvimento e garantir a qualidade do código.

4. Testes: O teste é uma fase crítica que garante que a aplicação está livre de erros e funciona como esperado. Os diferentes tipos de testes incluem Testar componentes ou funções individuais para garantir que funcionam corretamente. Assegurar que os diferentes componentes da aplicação funcionam em conjunto como previsto. Obter feedback de utilizadores reais para identificar quaisquer problemas ou defeitos de usabilidade.

5. Implementação: Quando os testes estiverem concluídos e os problemas resolvidos, a aplicação é implementada nas lojas de aplicações (por exemplo, Google Play Store, Apple App Store) para que os utilizadores a descarreguem e instalem. A fase de implementação inclui a configuração das listas de lojas de aplicações, a preparação de materiais de marketing e a apresentação da aplicação para revisão.

6. Manutenção e actualizações: Após a implementação, a aplicação requer manutenção contínua para corrigir erros, adicionar novas funcionalidades e garantir a compatibilidade com novas versões do sistema operativo e dispositivos. As actualizações regulares são essenciais para manter a aplicação relevante e funcional.

2.11.4 Tendências futuras das aplicações móveis:

1. Inteligência Artificial (IA) e Aprendizagem Automática (AM): A IA e o ML estão a ser cada vez mais integrados em aplicações móveis para proporcionar experiências personalizadas, análises preditivas e automação inteligente. Os exemplos incluem assistentes virtuais, motores de recomendação e tradução de línguas em tempo real.

2. Realidade Aumentada (AR) e Realidade Virtual (VR): As tecnologias de RA e RV estão a transformar as aplicações móveis, oferecendo experiências imersivas em jogos, educação, retalho e muito mais. Estas tecnologias permitem aos utilizadores interagir com conteúdos digitais de formas novas e interessantes.

3. Conectividade 5G: A implantação de redes 5G deverá revolucionar as aplicações móveis, proporcionando velocidades de dados mais rápidas, menor latência e ligações mais fiáveis. Isto permitirá aplicações mais avançadas, como o streaming em tempo real, cuidados de saúde à distância e infra-estruturas urbanas inteligentes.

4. Internet das coisas (IoT): A integração da IoT com aplicações móveis permite aos utilizadores controlar e monitorizar dispositivos conectados, tais como electrodomésticos inteligentes, wearables e sensores industriais. Esta conetividade aumenta a comodidade, a eficiência e a automatização em vários aspectos da vida quotidiana.

5. Segurança reforçada: Com a evolução das ameaças à cibersegurança, as aplicações móveis continuarão a adotar medidas de segurança avançadas, como a autenticação biométrica, a tecnologia de cadeia de blocos e métodos de cifragem melhorados, para proteger os dados e a privacidade dos utilizadores. As aplicações móveis tornaram-se uma parte essencial da vida moderna, oferecendo uma vasta gama de funcionalidades que aumentam a conveniência, a produtividade e o entretenimento. O desenvolvimento de aplicações móveis envolve uma cuidadosa consideração de factores como o desempenho, a segurança e a experiência do utilizador. À medida que a tecnologia continua a avançar, as aplicações móveis evoluirão para incorporar novas tendências e capacidades, fornecendo serviços ainda mais inovadores e valiosos aos utilizadores de todo o mundo. Seja através de abordagens nativas, web ou híbridas, as aplicações móveis permanecerão na vanguarda da inovação tecnológica, moldando a forma como interagimos com o mundo digital.

REFERÊNCIAS

1. https://www.tutorialspoint.com/mobile_communication/index.htm
2. https://www.cisco.com/c/en/us/solutions/small-business/whats-a-wireless-lan.html
3. https://link.springer.com/book/10.1007/978-1-4939-3199-7
4. https://www.sciencedirect.com/science/article/pii/S1877050919319486
5. https://www.sciencedirect.com/science/article/pii/S1877050914001447
6. https://link.springer.com/chapter/10.1007/978-3-319-48550-7_2
7. https://www.researchgate.net/publication/332092756

Printed by Books on Demand GmbH, Norderstedt / Germany